子育て支援

15のストーリーで学ぶワークブック

二宮 祐子

萌文書林
HOUBUNSHORIN

はじめに

　2003（平成15）年の児童福祉法改正により、子どもの保育に加えて、保護者からの相談に応じたり助言したりする職務が義務化されました。その具体的な内容は、2017（平成29）年告示の『保育所保育指針』第4章子育て支援や『幼保連携型認定こども園教育・保育要領』第4章子育ての支援に示されています。

　本書は、これまで筆者が保育士養成課程の必修科目としておこなってきた授業（保育相談支援、家庭支援論、相談援助）のプレゼンテーション資料や配布資料をもとに、『保育所保育指針』第4章子育て支援について学ぶテキストとして制作しました。

　筆者はこれまで、保育者を目指す学生のみなさんを対象に、子育て支援に関連するさまざまな授業をおこなってきました。社会経験の少ない学生の場合は、子育ての当事者である育児中のお父さんやお母さんのイメージをもちにくいため、保育者が実践現場で駆使している専門的知識・技術が把握しづらくなってしまうことを痛感してきました。

　これを乗り越えるために試行錯誤した結果、保育と子育て支援に奮闘中の保育者と、かけがえのないわが子を一生懸命に育てているお父さんやお母さんが、ともに手を取り合い、力を合わせていく15のストーリーが生まれました。各ストーリーの細部には、保育現場で問題になっている事柄（例：気になる子）や社会問題となっている事柄（例：子どもの貧困）のなかから、保育者を目指す学生に知っておいてもらいたい事柄をピックアップして織り込んであります。

　ストーリーには、「個人的な経験」と「普遍的な事柄」を、同時に示す作用があるといわれています。本書の15のストーリーは、一見すると、あや先生という一人の新人保育士が体験した出来事の寄せ集めのように見えるかもしれません。しかし、現場をよく知っている人ならば「前に、よく似た話があった」「どこかの園でありそう話だ」と感じられるはずです。

　子育て支援についてこれから学ぼうとする人にとっては、保育者の専門性が埋め込まれた15のストーリーを読むだけでも、知識を得ることができます。さらに、その社会的背景、支援体制、さまざまな技術について説明を聞いたり、演習課題にとりくんだりすることで、学びをさらに深めていくことができることでしょう。

　15のストーリーがテキストとして完成するまでに、さまざまな人とのやりとりがありました。筆者が保育士として勤務していたころに出会った方々、筆者自身の子育てを支えてくださった保育園の先生方、調査研究でご協力いただいた方々など、園や施設での出会いがなければ、これらのストーリーは産まれてこなかったでしょう。そして、授業でストーリーを熱心に聴いてくださった学生のみなさんがいたおかげで、読みごたえあるものになっていきました。萌文書林の赤荻泰輔さんには、ストーリーをテキストとして編集していく過程で、お世話になりました。皆様に対し、深く感謝いたします。

2018年3月
二宮　祐子

Contents

Lesson 1 子育て支援とは

＋ストーリー❶ 夜型の生活リズムの家庭 **2**

1 本書で学ぶ事柄 4
2 子育て支援の制度的基盤 4
演習問題①◆3　演習問題②◆3　演習問題③◆6　演習問題④◆6

Lesson 2 子育て支援の意義

＋ストーリー❷ オムツ外しに悩む保護者 **8**

1 子育て支援が求められる社会的背景 10
2 子育て支援において保育所・認定こども園などが果たす役割 12
3 子育て支援の独自性 13
演習問題①◆9　演習問題②◆9　演習問題③◆14

［Column］保育者の専門性：自分の子どもを育てたこともないのに、保護者支援なんて……◆13

Lesson 3 子育て支援の基本的価値・倫理

＋ストーリー❸ 気になる子と気にならない保護者 **16**

1 子どもの最善の利益の尊重 18
2 子どもの成長への気づきと子育てのよろこびの促進 18
3 保護者における子育てを自ら実践する力の向上 19
4 保護者の自己決定の尊重 19
5 保護者の状況に配慮した個別の支援 20
6 子どもの生活の連続性 20
演習問題①◆17　演習問題②◆17　演習問題③◆22

［Column］全国保育士会倫理綱領◆21

Lesson 4 子育て支援の基本的姿勢

＋ストーリー❹ 貧困家庭 **24**

1 家庭や地域の社会資源との連携 26

2　保育所・認定こども園などの特性の活用	26
3　保育者の専門性の活用	28
4　相互の信頼関係の促進	28
5　保護者との（保護者同士の）相互理解の促進	29
6　個人情報およびプライバシーの保護と秘密保持	29

演習問題①◆25　演習問題②◆25　演習問題③◆30

Lesson 5　子育て支援の基本的技術

＋ストーリー❺　父子家庭 32

1　子育て支援のプロセス	35
2　子育て支援に役立つコミュニケーション技法	35

演習問題①◆34　演習問題②◆34　演習問題③◆36　演習問題④◆36　演習問題⑤◆38

［Column］バイスティックの7原則：保護者とじょうずにやりとりするためのコツは？◆37

Lesson 6　園内・園外との連携と社会資源

＋ストーリー❻　虐待傾向のある母子家庭 40

1　園内の職員間の連携	42
2　さまざまな子育て支援者との連携	43
3　さまざまな地域子育て支援事業との連携	43
4　子育て支援ネットワークの活用	44
5　保育者がおこなう子育て支援の限界	45

演習問題①◆41　演習問題②◆41　演習問題③◆45　演習問題④◆46

Lesson 7　記録・評価・研修

＋ストーリー❼　ステップ・ファミリー 48

1　記録で用いられるさまざまな文体	49
2　アセスメントで用いられる記録方法	50
3　早期発見・早期対応のために活用される記録	50
4　評価	55
5　研修	55

演習問題①◆48　演習問題②◆50　演習問題③◆52　演習問題④◆56

Lesson 8 日常会話を活用した子育て支援

＋ストーリー❽ かみつきによるトラブルと対応 ································ **58**

1 送迎時のやりとり ·· 60
2 トラブルの際のやりとり ·· 61
3 面談 ·· 62
4 電話連絡 ·· 63

演習問題①◆59　演習問題②◆59　演習問題③◆60　演習問題④◆62　演習問題⑤◆63

演習問題⑥◆63　演習問題⑦◆64

Lesson 9 文書を活用した子育て支援

＋ストーリー❾ アレルギー児への医療などの対応 ······················ **66**

1 連絡帳 ·· 68
2 おたより ·· 70
3 手紙とメール ·· 71

演習問題①◆67　演習問題②◆67　演習問題③◆69　演習問題④◆70　演習問題⑤◆71

演習問題⑥◆72

Lesson 10 行事などを活用した子育て支援

＋ストーリー❿ 日本語を母語としない保護者 ···························· **74**

1 保育参加（保育参観）··· 76
2 保護者懇談会 ·· 77
3 行事 ·· 77
4 自主活動 ·· 78

演習問題①◆75　演習問題②◆75　演習問題③◆80

［Column］アイス・ブレーキング◆79

Lesson 11 環境を活用した子育て支援

＋ストーリー⓫ 新入園児の保護者 ···································· **82**

1 環境をとおした子育て支援の意義 ································· 84
2 子育て支援にふさわしい環境の特性 ······························ 85
3 環境をとおした子育て支援の方法 ································· 86

演習問題①◆84　演習問題②◆84　演習問題③◆88　演習問題④◆88

［Column］カラーユニバーサルデザイン：20人のお父さんのうち１人は見え方が違う!?◆87

Lesson 12 地域子育て支援拠点における支援

＋ストーリー⑫　ひろばデビューの専業主婦 ————————————— **90**

1　保育所・認定こども園などで実施されることが多い地域子育て支援サービス ——————— 92
2　地域子育て支援拠点とは ———————————————————————————— 93
3　地域子育て支援拠点を利用する保護者の心理 ————————————————— 93
4　地域子育て支援拠点の基本事業の内容と支援方法 ————————————————— 95

演習問題①◆91　演習問題②◆91　演習問題③◆97　演習問題④◆98

Lesson 13 入所施設における子育て支援

＋ストーリー⑬　子どもと向き合うことに困難を感じる保護者 ————————— **100**

1　施設における親と子をつなぐ支援 ——————————————————————— 102
2　入所施設を利用する保護者の傾向 ——————————————————————— 103
3　入所施設における支援の方法 ————————————————————————— 103

演習問題①◆101　演習問題②◆101　演習問題③◆104

Lesson 14 通所施設における子育て支援

＋ストーリー⑭　子どもの育ちに不安と焦りを感じる保護者 ————————— **106**

1　通所施設を利用する保護者の傾向 ——————————————————————— 107
2　通所施設における支援方法 ————————————————————————— 109

演習問題①◆107　演習問題②◆107　演習問題③◆110

Lesson 15 まとめと今後の課題

＋ストーリー⑮　ケイタくん一家との再会 ————————————————— **112**

演習問題①◆113　演習問題②◆113

［Column］保護者応対（苦情対応）：クラスの保護者のなかに、モンペがいたらどうしよう……◆113

参考文献 114
INDEX 117
著者紹介 119

演習問題（切り取り式ワークシート）... 121

Lesson 1 ————— 123
Lesson 2 ————— 125
Lesson 3 ————— 127
Lesson 4 ————— 129
Lesson 5 ————— 131
Lesson 6 ————— 133
Lesson 7 ————— 137
Lesson 8 ————— 141
Lesson 9 ————— 143
Lesson 10 ————— 147
Lesson 11 ————— 149
Lesson 12 ————— 151
Lesson 13 ————— 155
Lesson 14 ————— 157
Lesson 15 ————— 159

本書の特色

　15回の各Lessonには、ストーリーを１つだけ載せ、演習形式で学べるよう構成しています。短めのエピソードを並べるのではなく、登場人物のふるまい、その背景などが厚く記述されたストーリーを用いることで、実践現場についてよく知らない人でも、具体的なイメージを思い描きながらとり組めるよう配慮しました。

　ストーリーには、各Lessonの「ねらい」に沿って、保育者として知っておくべき事柄や現場で遭遇することの多い出来事を記述してあります。ストーリーを熟読することで、子育て支援の内容やプロセスについて実践的に理解し、専門知識を増やしていけることでしょう。

　学校などの授業で本書を用いる場合は、①ストーリーを読み込む、②理論や技術を学ぶ、③演習課題にとり組む、という３段階で展開できます。限られた授業時間のなかで、ポイントを押さえて学ぶことができるよう本文に対応したワークシート（切り取り式）を巻末につけました。授業終了後、本文だけでなく、ワークシートを見直すことで、原理原則として習得すべき事柄が明確になります。

■本書を活用した学び方

　本書は、Lesson１〜Lesson７の理論編、Lesson８〜Lesson15の実践編の二部構成になっています。理論編では、『保育所保育指針』や『幼保連携型認定こども園教育・保育要領』に示されている子育て支援の理念について学びます。実践編では、保育所・認定こども園などで実践されている支援技術について具体的に説明し、演習をおこないます。

　具体的には、以下の手順で学びを深めていくとよいでしょう。

① 　１つ前のLessonで紹介した〈予習におすすめの本〉で、ストーリーの内容について専門的な理解が必要な事柄（例：子どもの貧困）について押さえておきましょう。

② 　各章の冒頭にある「Lessonのねらい」や「登場人物のプロフィール」を参考にしながらストーリーを読みましょう。

③ 　感想を書いたり演習課題を解いたりする作業を通じて、ストーリーを精読しましょう。本文で説明されていない専門用語は、重要や補足で確認できます。

④ 　〈ストーリーの社会的背景〉では、ストーリーがその場限りの出来事ではなく、ほかの地域・園・家庭でも起こりうる一般的な問題が含まれていることを説明しています。〈ストーリーをより深く理解するために〉では、ストーリーとLessonでの学びがどのようにつながっているのか示されています。

⑤ 　本文では、子育て支援に必要な理論や専門的知識・技術について解説されています。ポイントとなる部分や専門用語は、ワークシートに書き出すことで、確実に理解することができます。

⑥ 　〈まとめ〉で、本章で学んだことをふり返りましょう。

⑦ 　〈○×問題〉で、Lessonで学んだ事柄の定着を図ります。

⑧ 　〈さらに深く学びたい人におすすめの本〉は、復習やレポート作成などに役立ててください。

■この本の舞台となる保育園とおもな登場人物

●なかよし保育園

> なかよし保育園は、地域子育て支援センター「ひだまり」が併設され、家庭支援に力を入れている保育所です。本書では、このなかよし保育園でのストーリーを中心に、保育者による子育て支援の理論と実際について学びます。

あや先生

3歳児クラスばら組担任。昨春に保育者養成校を卒業し、なかよし保育園3歳児クラスばら組の担任となった。子どもが大好きで、幼いころに通った保育園の先生みたいになりたいとあこがれて、保育者としてのキャリアを歩み始めた。

みどり先生

主任保育士（フリー）、子育て支援センター「ひだまり」兼務。25年のキャリアをもつベテラン。園全体に目くばりしながら、あや先生のクラスや「ひだまり」に入ってアドバイスしたり、手伝ったりしている。

園長先生

40年前の園の創設時から勤務している。なかよし保育園の園長であると同時に、地域子育て支援センター「ひだまり」のセンター長も兼務している。地域のさまざまな支援者や他機関と交流しており、子育て支援を活発にコーディネートしている。

さつき先生

看護師。毎朝、すべてのクラスに視診にまわり、子どもたちの健康管理をしている。保護者や保育者から健康に関する相談にのることも多い。個別指導してくれる「腰痛体操」「肩こり体操」は大好評。

あかね先生

栄養士。給食の献立作成のほか、離乳食やアレルギー食などの対応もしている。情報コーナーに置かれているお手製のレシピカードは、「安くて、手軽で、おいしい！」と評判。「ひだまり」で開催される、離乳食＆幼児食クッキング教室も盛況である。

まい先生

2歳児クラスすずらん組担任。入職2年目。新人のあや先生には、もっとも親しい身近な相談相手。クラスの子どもたちの母親や祖父母とは気兼ねなく話すことができるようになったが、父親に対しては、今でも少し緊張しながら応対している。

じゅん先生

4歳児クラスゆり組担任。入職5年目。なかよし保育園初の男性保育士。就職したばかりのころは、本人も周囲も男性であることを意識していたが、このごろでは、あまり気にならなくなってきた。

●この本の舞台となる福祉施設（保育所以外）

- 乳児院「愛児園」
- 児童発達支援センター「スマイル」

Lesson 1 子育て支援とは

Lesson 1 のねらい

◎ 本科目で学ぶ事柄について知る。
◎ 本書を活用した学び方を知る。
◎ 子育て支援の制度的な基盤について理解する。

＋ ストーリーを読むにあたって……

ストーリー①では、どの園でも、必ずといってよいほど起こる保育者にとって非常に悩ましい問題が描かれています。保育所で実習中のあやさんの目をとおして、一緒に考えていきましょう。

[登場人物プロフィール]

ケイタくん
保育園の生活リズムにうまくのれない子。

ケイタくんのお母さん
父親と共に自宅1階でレストランを営んでいる。ケイタくんをとてもかわいがっており、保育者たちにも笑顔であいさつしてくれるが……。

ケイタくんの担任の先生
あやさんにとっては、保育所実習の配属先クラスの先生。ケイタくんの生活リズムについて、気になっている。

＋ストーリー① 夜型の生活リズムの家庭

　あやさんは、幼い子どもが大好き。子どもにかかわる仕事がしたいと思って、保育者養成校で勉強していて、今は保育所実習の真っ最中。2歳児クラスの配属となり、保育所の1日の生活の流れが見通せるようになってきたころ、ケイタくんの様子がとても気になりはじめた。

　毎朝、クラスで朝の補食をとっているころに、ケイタくんは、寝ぼけまなこのまま、お母さんに抱きかかえられるようにして、保育室に入ってくる。そのあとの集まりの時間になっても、ぼんやりしていて、床でゴロゴロしてしまうことが多い。午前中はテンションが低く、クラス活動でも集中力がとぎれがちだ。給食の用意が始まるころになると、ようやく調子があがってきて、活発な姿を見せるようになる。昼寝では、なかなか寝つけず、退屈して騒いでしまうので、怒られてしまうことが多い。毎日、延長保育に入り、一番遅くまで残るグループの常連である。

　あやさんは、ケイタくんの姿を見ていて、午前中にエンジンがかかりにくいため、クラス活動でこの子らしさが発揮できていないのではないかと感じた。そこで、クラス担任の先生に、ケイタくんのことをいろいろ聞いてみると、家庭状況について、話してくれた。

　ケイタくんの家は、レストランを営んでいる。1階が店舗で、その上に自宅があり、お父さんもお母さんも仕事で毎日てんてこまい。週末や祝日は、レストランが忙しいので、ケイタくんは祖父母宅で終日過ごしている。平日は、9時半過ぎに眠そうな目をこすりながら登園し、延長保育の終了時間まで、園で過ごす。レストランを閉めたあとに、家族で遅い夕食をとり、その後は父親の晩酌やテレビにつき合っているので、就寝時間は12時を過ぎるそうだ。

　クラス担任の先生は、「3歳児クラスになると、クラス活動が増えるし、運動会とか生活発表会とか、いろいろな行事やその準備も入ってくるのに、毎朝、今みたいな状態が続くようではねえ……。お母さんにも何回か話したんだけど、お店があるんだからしょうがないって……」とため息まじりにいった。

補足　補食：不足する栄養素やエネルギーを補うために、通常の食事に加えて摂取する食事。いわゆる間食のことであるが、嗜好品であるおやつとは異なる。1日3食を規則正しく食べることが基本であるが、子どもの場合、一度にたくさんの量を食べられないために、補食が必要となる。

補足　子どもの生活リズム：生活リズムとは、睡眠・食事・排泄など、さまざまな日常生活における活動のリズムのこと。この生活リズムが乱れると、心身ともにバランスを崩し、スムーズな日常生活が送れなくなってしまう恐れがある。子どもの場合、家庭生活における食事や睡眠の時間は、養育者の生活態度に左右されるために、子どもの生活リズムを良好な状態に保つためには、家族全体の協力が欠かせない。

Lesson 1 ｜ 子育て支援とは

演習課題❶ ストーリーを読んで感じたことを自由に書こう。

1

演習課題❷ 以下の問題に答えながらストーリーを読みこもう。

問題1 ｜ お母さんはどんな気持ちで「お店があるんだからしょうがない」といっているのだろうか。
〔ヒント〕お母さんが、ケイタくんを育てていく上で、誰に支援をもとめることができるのか、考えてみよう。

問題2 ｜ あなたがクラス担任であったとしたら、お母さんに「お店があるんだからしょうがない」といわれたときに、どのように思うだろうか。

（✚ **ストーリーの社会的背景**）　このストーリーでは、自宅で自営業を営む家庭が登場し、保育者を悩ませる生活リズムの問題がとりあげられています。ただ、決してケイタくんの家族特有の問題ではなく、どの園でもしばしば見られる問題です。

たとえば、サラリーマンの父親が残業して夜21時前後に帰宅することの多い家庭の場合、父親の帰宅時間と子どもの就寝時間が重なってしまうため、子どもがなかなか寝つけず、登園後もスムーズにクラス活動に参加できないという悩みをよく聞きます。

このような保護者の働き方から派生する問題は、個人の努力だけでは解決することが難しく、保育者にとっても対応が難しく感じられます。まず、**子どもの生活リズムの問題の背景には、子どもにとって望ましい生活リズムを整えるのが難しい社会状況がある**ことを理解しましょう。

（✚ **ストーリーを深く理解するために……**）　全国規模の調査からも、**3〜6歳の子どもの約10%**が夜22時ごろに寝て、朝7時半ごろに起床する**夜型の生活リズム**となっていることが明らかにされています（石原他　2015）。

3歳未満児のクラスでも、午前中、集団でのクラス活動がおこなわれるようになると、園の生活の流れにのり切れない子どもが目立つようになります。保護者は、日中、保育園で過ごす子どもの姿を目の前で見ているわけではないので、保育者の危機感が伝わりにくいことも、この問題を一層難しいものにします。

このような場合、保育者は、その家庭に対してどのように向き合えばいいのでしょうか？　本書で子育て支援を学ぶなかで、支援の方向性が少しずつ見えてくることでしょう。

3

1 | 本書で学ぶ事柄

近年、さまざまな子育て支援サービスがおこなわれるようになりました。**本書では、保育所・認定こども園などにおいて保育者がおこなう子育て支援の理論や方法について学びます**（具体的な学び方は、ixページを参照）。そのねらい（到達目標）は、以下のように、まとめられます。

・「子どもの育ち」につながる子育て支援のあり方とその意議について理解する。
・子育て支援における保育者の役割と職務内容を把握する。
・さまざまな人々と連携した支援方法の基礎を習得する。

2 | 子育て支援の制度的基盤

（1）児童福祉法

2003（平成15）年の児童福祉法の改正により、保育士は国家資格となり、その職務は、以下のように定義されました。

児童福祉法第18条の4（保育士の定義）
この法律で、保育士とは、第18条の18第1項の登録をうけ、保育士の名称を用いて、専門的知識および技術をもって、児童の保育および**児童の保護者に対する保育に関する指導**を行うことを業とする者をいう。

「保育に関する指導（**保育指導**）」とは、保育士が、保護者が抱えている子育ての問題や課題に対し、上下関係ではなく、あくまでも**対等な人間関係のもとで支援する**ことを指します。具体的な内容は、『保育所保育指針』に示されています。

（2）保育所保育指針

2008（平成20）年告示の『保育所保育指針』で、第6章「保護者に対する支援」が設けられ、保育指針のなかで、はじめて子育て支援が明記されました。同年の『保育所保育指針解説書』でも、保育士の専門性として、「保護者等への相談・助言に関する知識・技術」「子どもと保護者との関わりなどを見守り、その気持ちに寄り添いながら適宜必要な援助をしていく関係構築の知識・技術」など、保育指針よりもさらに踏み込んで記述されました。これらを受け、保育士養成課程では、子育て支援の方法について演習形式で学ぶ必修科目「保育相談支援」が創設されました。

2017（平成29）年告示の『保育所保育指針』でも、**第4章「子育て支援」**に保育士がおこなう家庭支援について、3つの節に分けて記述されています。最初の節で子育て支援全般に共通する基本的事項を押さえた上で、次に「保育所を利用している保護者」と「地域の保護者等」の2つの節に分けて、重点的に配慮すべき事柄が記載されています。

4

今回の改定の特色は、「**子育てを自ら実践する力の向上**」をめざして、「**保護者と連携して子どもの育ちを支える**」という視点を、前回よりも強く打ち出したことです。地域子育て支援については、「保育所保育の専門性を活かした子育て支援を積極的に行うよう努めること」とされ、平成20年度版に引き続き義務化は見送られました。

（**3**）就学前の子どもに関する教育、保育等の総合的な提供の推進に関する法律 （通称：認定こども園法）

この法律により定められた幼保連携型認定こども園では、幼稚園教諭免許状と保育士資格を併有する保育教諭らによる、満3歳以上の子どもへの教育と保育、保育を必要とする子どもへの保育、保護者に対する子育ての支援をおこなうことを目的としています。ここでいう保護者とは、在園児の保護者だけでなく、地域の保護者も指します。つまり、保育所では地域子育て支援が努力義務にとどめられているのに対し、幼保連携型認定こども園では、**在園の有無にかかわらず、地域の子育て家庭に対する支援を必ず実施する**ことが定められています。

園運営に関する基準である「幼保連携型認定こども園の学級の編成、職員、設備及び運営に関する基準」では、子育て支援のおこなう上で、家庭からの相談を待つだけでなく、地域の子育て家庭に対して働きかけていくことも強調しています。

（**4**）幼保連携型認定こども園教育・保育要領

2017（平成29）年告示の『幼保連携型認定こども園教育・保育要領』において、**第4章「子育ての支援**」として、新たな章が設けられました。

具体的な内容は、『保育所保育指針』と共通する部分がほとんどですが、以下の2点については、異なる記述がおこなわれています。

1つ目は、保育所に比べ、就労の有無など、認定こども園の保護者の状態が多様であることから、職員側が生活形態の違いを尊重するだけではなく、**保護者同士が相互に理解しあえるよう、保育者が仲だちしていく必要がある**ことが、書き加えられています。2つ目には、地域の子育て支援において、認定こども園が、**総合的かつ中心的な役割**を果たすよう努めることが明記されました。

＋ Lesson1の まとめ

　本書で扱う内容や学び方について説明しました。根拠となる児童福祉法、改訂された『保育所保育指針』『幼保連携型認定こども園教育・保育要領』における位置づけについて、確実に把握することが、「子育て支援」の学びの基盤となります。

＋ ○×問題

1. （　　）保育士とは児童福祉法に定められた国家資格である。
2. （　　）児童福祉法において、保育士の業務と定められているのは、子どもの保育のみである。
3. （　　）児童福祉法でいう「保育指導」とは、「子育て支援」と同じ意味である。
4. （　　）本科目のねらいや内容の多くは、『保育所保育指針』「第6章　保護者に対する支援」にもとづく。
5. （　　）幼保連携型認定こども園において、地域子育て支援の実施は努力義務である。

演習課題❸ 　子育て支援について、自分自身の学びの目標を書こう。

演習課題❹ 　子育て支援を学ぶ上での留意点を書こう。

＋ より深く 学びたい人へ

保育の友編集部『保育園と家庭をつなぐHow toコミュニケーション』全国社会福祉協議会、2010年

　月刊誌『保育の友』寄せられた保育者の実践報告から49ケースをとりあげ、わかりやすくアドバイスされています。保育者と保護者どの間で、どのようなやりとりがあるのか把握するのに役立ちます。

＋ 予習に おすすめの本

榊原洋一・今井和子『求められる質の高い乳児保育の実践と保護者支援』ミネルヴァ書房、2006年

　食事・排泄・睡眠・衣類着脱などの身辺自立に向けて、保育者だけで抱え込むのではなく、家庭と密接に連携しながらとり組んでいくことが、質の高い乳児保育につながることが、よくわかる本です。

　Lesson2では、トイレット・トレーニングに関するストーリーをもとに学びます。子どもの身辺自立とその援助方法について、「乳児保育」などで学んだことをふり返っておきましょう。

Lesson 2 子育て支援の意義

Lesson 2のねらい

◎ 子育て支援が求められる社会的背景を把握する。
◎ 子育て支援において保育所・認定こども園などが果たす役割について知る。
◎ 子育て支援に必要な専門性とほかの専門知識・技術との関係について理解する。

＋ストーリーを読むにあたって……

ストーリー②では、園ではトイレに行けるのに、家ではトイレが使えず、オムツ外しがスムーズにいかないことに悩むリョウくんのお母さんへの支援の様子が描かれています。あや先生は、リョウくんとお母さんに対して、どのように働きかけていくのでしょうか？ストーリーから、保育者だからこそできる支援方法を読み取っていきましょう。

[登場人物プロフィール]

リョウくん
3歳児クラスばら組の新入園児。入園までオマルに座った経験はない。今でも、家ではオムツで排泄している。

リョウくんのお母さん
家でパンツにしようと何度か試みたが失敗。オムツが外れないことにあせりを感じている。

＋ストーリー② オムツ外しに悩む保護者

あやさんは、保育者養成校をめでたく卒業し、希望していたなかよし保育園に就職できた。3歳児クラスばら組の担任となり、主任のみどり先生と一緒に、20人の子どもたちを担任することになった。子どもたちからは「あや先生」と呼ばれている。

ばら組メンバー20名のうち、16名は2歳児クラスからの進級で、4名が新入園児である。オムツを卒業していない子が何人もいたので、進級や入園をオムツ外しのきっかけにしてもらおうと、お母さんたちに、できるだけ家でもパンツで過ごすようすすめた。その結果、ゴールデンウィークが明けるころには、園でも家でもオムツの出番はほとんどなくなった。ただし、リョウくんだけは、依然、オムツをつけて登降園していた。

リョウくんは少々神経質なところがあり、入園時は園のトイレにも入るのを嫌がっていた。しかし、トイレのなかに大好きな機関車のイラストを貼って、なかよくなった友達と一緒にトイレに誘い、便器を乗り物に見立てて、一定時間、座るよううながすことをくり返すうちに、トイレを嫌がらなくなり、パンツで問題なく過ごせるようになった（●イラスト）。

5月下旬におこなわれた個人面談のときに、リョウくんのお母さんに家での様子を聞いたところ、自宅や外出先ではあいかわらずトイレに入ること自体を嫌がっているとのこと。オマルをリビングにおいて、トイレット・トレーニングをしたこともあったが、失敗したとき、父親に強く叱られたために、それ以降、オマルも嫌がるようになったそうだ。園以外では、いつもオムツで排泄している。今では、オムツが濡れて、気持ちが悪くなったら、自分で新しいオムツに履き替えることもあるとのこと。

あや先生がみどり先生にこのことを報告したところ、リョウくんのお母さんに保育参加をしてもらい、園での排泄の様子を参考にしてもらったらいいのではないか、というアドバイスをもらった。あや先生がお母さんに提案してみたところ、お母さんも「もう、どうしていいかわからなくて、困っていたんです」と乗り気になってくれた。

1週間後、リョウくんのお母さんには、9時半のクラス活動開始のときから、昼食が終わるところまで、保育参加をしてもらった。午睡の時間を利用して、面談をおこなったところ、お母さんは、次のような内容の発言をした。

「ウチの子も、みんなも、楽しそうにトイレに行ってましたね。漏れそうになってからトイレに駆け込むのではなく、次の活動を期待しながら、その前の準備として、友達と一緒にトイレに行くのが、リョウにはいいみたいですね。トイレの前に子どもの手に届く高さでタオルがかけてあったり（●写真①）、着替えコーナーがあったり（●写真②）、いろいろな工夫がされていたので、うちでもまねしてみます。便器を汚したり、服が少し濡れてしまったりした子もいたけど、先生がどの子にも笑顔で対応していたのは、さすがですね。うちでも、『お外にでるから、その前にトイレしておこうね』みたいな感じで誘ってみます。あと、パパにも絶対に怒らないようにクギさしとかなきゃ！」

プールが始まるころ、リョウくんの連絡帳には、家のトイレでも一人で行けるようになり、オムツを卒業できた、と書かれていた。リョウくんによれば、家のトイレの壁には、機関車のポスターがぐるりと貼り巡らされているそうだ。あや先生は、今度、リョウくんのお母さんに会えたら、家での排泄の様子を聞いてみようと思っている。

写真① 子どもの目の高さにタオルかけがあり、大人の目の高さにはお知らせの掲示がある

写真② トイレの出口に移動式のタオルかけを置き手前の着がえコーナーに誘導されるようにしている

重要 個人面談➡35～36ページ、➡ストーリー⑤32～33ページ15～62行
重要 保育参加➡76ページ、➡ストーリー⑩74ページ17～23行

演習課題❶ ストーリーを読んで感じたことを自由に書こう。

演習課題❷ 以下の問題に答えながらストーリーを読みこもう。

問題1 あや先生はリョウくんに対してどのような働きかけをしたか書こう。

問題2 あや先生がみどり先生からもらったアドバイスを書き出そう。

＋ストーリーの社会的背景

　ひと昔前は、布おむつが主流で、1歳の誕生日を迎えるころにはパンツをはかせたりして、オムツからパンツへの移行を積極的にうながしていました。現在は、紙オムツを利用することで、排泄物の始末や布おむつを洗濯する負担を減らし、子どもとかかわる時間を増やしたいと考える保護者が多いようです。「自然に」「無理なく」オムツ外しする考え方が増えてきたのです。

　ただ、リョウくんのように、保育所ではオムツからパンツへスムーズに移行できても、家ではなかなかオムツから卒業できない子どもがどの園にもいます。このため、オムツ外しは、昔も今も、よく育児相談の話題にのぼります。

＋ストーリーを深く理解するために……

　あや先生は、リョウくんのお母さんに対して「正しい方法を教える」のではなく、保育参加を通じて「**お母さん自身が自宅で実行できる方法を見つけられるようヒントを提供する**」という支援方法をとっています。また、その後、面談をおこない、お母さんと一緒に問題解決に向けて話し合いました。もし、リョウくんのお母さんが、ほかの専門職に相談したら、どういう展開になっていたかを想像してみると、保育者の専門性が見えてくることでしょう。

1 子育て支援が求められる社会的背景

（1）子育てをとりまく社会状況の変化

かつて保育者による家庭支援とは、母親の就労を保障するためのサービスでした。現在では、すべての子育て家庭をまるごと支えていく取り組みが求められるようになりました。

その背景には「**少子高齢社会**」と呼ばれるように、社会のなかで子どもが少数派になりつつある状況があります。このことは、子どもを育てている家庭も少数派となることにつながります。以前は、子育て中の家庭の割合が半数近く（46.2％）ありましたが、現在はその半分程度（24.2％）に減少しているのです（●図表1）。子育て家庭は地域で孤立する傾向があり、**負担感を感じている母親が多い**ことがデータからうかがえます（●図表2）。

図表1　児童の有無別にみた世帯構造別世帯の割合

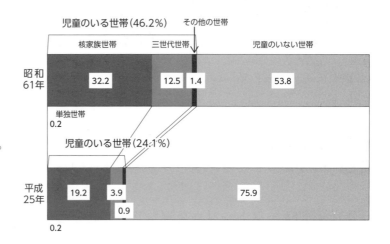

※児童とは、18歳未満未婚のものをいう。
（出典：厚生労働省「平成25年国民生活基礎調査」2013年）

図表2　妊娠中または3歳未満の子どもを育てている母親の周囲や世間の人々に対する意識

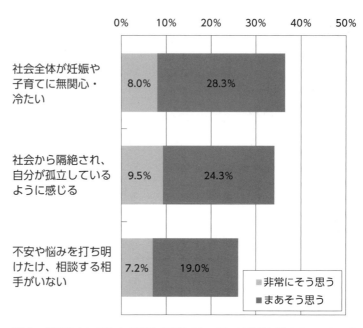

（出典：財団法人こども未来財団「子育て中の親の外出等に関するアンケート調査」2011年）

（2）家族の子育て機能の低下

母親にとって一番のパートナーとなるはずの父親はどのような状況にあるでしょうか。日本の男性の育児休業取得者割合は3.1％で、出産後8週間以内に休暇制度を利用した人は24.5％です。（厚生労働省

2017)。子育て期にある男性の多くは長時間労働から逃れられないために、家事・育児に費やす時間は世界的にみても、とても低い水準にあります（→図表3）。

その一方で、父親の子育て意識の調査によると、「家事や育児に参加したい」と答える人の割合は上昇しており、家事・育児への参加意欲自体は低いわけではないことがわかります（→図表4）。つまり、現代の日本における父親の育児参加の低さは、個人の意識の問題というよりも、社会全体の問題であり、「働き方の改革」も急務であることがわかります。

また、児童のいる世帯は核家族化がすすみ、祖父母と暮らす三世代同居も減少しています（→図表1）。家族による手助けを期待できない人が多く、**家事や育児の負担が母親一人に集中して重くのしかかる**社会構造となっています。

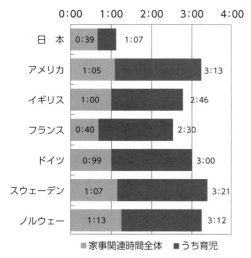

図表3　6歳未満の子どもをもつ夫の家事・育児時間（1日あたり）

（出典：内閣府ホームページ　http://www8.cao.go.jp/shoushi/shoushika/data/ottonokyouryoku.html）

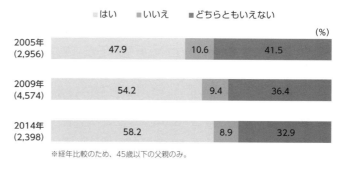

図表4　就学前の乳幼児をもつ父親の家事・育児への参加意欲の変化

（出典：ベネッセ教育総合研究所「第3回　乳幼児の父親についての調査［2014年］」2015年）

（3）地域の子育て機能の低下

1980年代以降、男女ともに結婚しない人が増え、男性は30歳台でも4割程度の人が結婚していません。その結果、地域のなかで18歳未満の子どものいる世帯数も減っています（→図表1）。身近な地域で、子育てを支えあう仲間「ママ友」「オヤジ仲間」をつくろうとしても、近所で親子づれに出会うこと自体が少なく、結果的に家にこもりがちな親子の姿を、図表1や図表2から想像することができます。実際、図表5からも**地域のなかで子育てに協力してくれる人を見つけ、つきあっていくことが難しくなっている**ことがわかります。

待機児童解消をめざした保育所の新設にあたり、建設予定の地域の人々が「騒音」を理由に反対運動を起こしたニュースがあったように、地

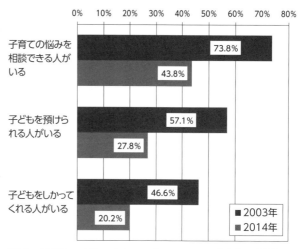

図表5　地域のなかでの子どもを通じたつきあい

（出典：三菱UFJリサーチ＆コンサルティング「子育て支援策等に関する調査2014」2014年）

域のなかには、子どもや子育て中の保護者に対して、あたたかいまなざしを向ける人ばかりとは限りません。

　このような社会的背景があるからこそ、保育者には、園に通う子どもとその家族だけでなく、地域全体に目をむけ、地域子育て支援の中核的役割を果たすことが期待されているのです（就園していない子どもと保護者をとりまく状況や保育者による地域子育て支援の具体例は、本書のストーリー⑫90～91ページを参照）。

2　子育て支援において保育所・認定こども園などが果たす役割

（1）子育て支援ネットワークの拠点

　保育所や認定こども園とは、入所している子どもの保護者にとっては毎日通う場所であり、就園していない子どもの保護者にとっては顔見知りの職員がいて、いつでも気軽に立ち寄り、ひととき過ごすことができる場所です。就園の有無にかかわらず、子育て中の保護者にとって、さまざまな子育て支援サービスを利用するにあたっての出発点となったり、ほかのサービスの利用中でも何かあればいつでも戻ってきたりすることができる、子育て支援ネットワークのなかの重要なポイントなのです。

　「（専門的観点からみて）支援を必要だと思われる人ほど、支援につながりにくい」というのは、子育て支援にかぎらず、専門職の間でよくささやかれている言葉です。このような「つながりにくい人」でも、近所にある園ならば比較的気軽に足を向けられるでしょうし、入所できれば、支援者との接点が増えます。さらに専門的支援が必要となれば、他機関と連携をとることで、効率よくサービスを受けることができます。

　保育所は、古くから保育および地域子育て支援サービスに取り組んできた伝統を生かして、その場限りのサービス提供だけではなく、**保護者が気軽にいつでも立ち寄れる場**として拠点的役割を果たすことが期待されています。

（2）予防的支援

　入所の有無にかかわらず、園に足を運ぶことは、保護者の孤立化を防ぐ効果があります。さらに、子育ての負担が過度に重くなっていくことを食い止めるような支援がおこなわれることで、虐待の発生などの重大問題を未然に防ぐことにもつながります。

　たとえば、虐待への対応では、「発生予防→早期発見・防止→再発防止」という3段階の支援プロセ

図表6　予防的視点からみた"子育て支援"

（出典：渡辺顕一郎、金山美和子『家庭支援の理論と方法』金子書房、2015年を一部改変）

スがありますが、多くの場合、保育者は第1段階の発生予防への対応を担うことになるでしょう。問題が起こってから事後対応に追われるのではなく、**問題が芽生える前の段階から手厚く対応していく「予防的支援」**こそが、社会からもっとも期待されている保育者の役割だといえます。

3 | 子育て支援の独自性

　子育て支援とは、**毎日の保育実践の積み重ねにもとづいた、子どもの成長や発達を支えることを目的とするとり組み**です。ストーリー②でも、あや先生とリョウくんのお母さんとの間でおこなわれた排泄に関する相談（➡8ページ26～35行）の基盤には、園におけるリョウくんへのトイレット・トレーニング（➡8ページ13～16行）がありました。

　したがって、社会福祉士などがおこなうソーシャルワークや、臨床心理士などがおこなう心理カウンセリングなど、ほかの専門職が有する専門性と隣接していたり、部分的に重なっていたりするところもあるものの、厳密にいえば異なるものであり、**保育者独自の専門性（専門的知識・技術）**であるといえます。

　子育て支援では、保育者特有の専門性とは異なるほかの専門技術を参考にしたり、部分的にとり入れたりすることがあります。そのようなときには、保育者としての価値や倫理に照らし合わせて、「子どもの育ちに対して、その技術はどのように貢献するのか」と意識することで、技術そのものにふりまわされることが少なくなるでしょう。

Column | **保育者の専門性：「自分の子どもを育てたこともないのに、保護者支援なんて……」**

　これまで解説してきたように、保育者による子育て支援とは、子育て経験にもとづいておこなうものではなく、保育者特有の専門的知識・技術を基盤としています。若さのために自信をもてない保育者もいますが、ストーリー⑫のナナさんという20代の母親のように、若い保育者に強く親しみを感じる保護者もいます（➡ストーリー⑫90ページ21～40行）。また「保護者のことを理解したい、支援したい」という意欲そのものは、子育て経験の有無とは関係ないでしょう。

　本書で学んだ知識や技術をもとに、あなた自身の持ち味を生かしながら、保護者の方と積極的にコミュニケーションをとってみましょう。

＋ Lesson 2の まとめ

　かつて子育て支援といえば、共働き家庭か、あるいは何か問題を抱えている家庭が対象であると思われていました。しかし、現在では、就労の有無にかかわらず、すべての家庭を視野に入れ、子育て支援サービスを提供していく必要があります。Lesson 2では、そのような社会的状況のなかで、保育者や園が社会から期待されている役割について学びました。

＋ ○×問題

1.（　　）現代の日本社会では、未婚化と核家族化がすすんでいる。
2.（　　）子ども家庭福祉では、子どもへの援助がもっぱら重要である。
3.（　　）保育指導とは、保育士が保護者に対し、子育てに関する知識を教授することを指す。
4.（　　）子育て支援は、保育とは別の設備と時間を設けておこなう。
5.（　　）保育所は、地域における子育て支援を必ずおこなうようにしなければならない。

演習課題❸ Lesson2で学んだことをもとに、気づきや感想を書こう。

＋ より深く 学びたい人へ

子どもと保護者の支援ガイドブック作成検討委員会編『気づく　かかわる　つなげる：保育者のための子どもと保護者の育ちを支えるガイドブック』全国社会福祉協議会、2017年

　保育所・認定こども園などに勤務する新任保育者に向け、子育て支援の基本である「気づいて、かかわり（支援）につなげる」ことについて、事例をもとに説明されています。虐待などの危機的状況への介入ではなく、日常の保育場面における保護者とのやりとりをとりあげているため、自分の保育実践に、直接、役立つヒントが見つかるでしょう。

＋ 予習に おすすめの本

守巧『気になる子とともに育つクラス運営・保育のポイント』中央法規出版、2016年

　「発達が気になる子」について、「個人」と「クラスの一員」の両方の観点から、保育者の対応の方法について論じた本です。発達が気になる子の保護者についても、その実態と支援方法が具体的に述べられています。

　Lesson 3では、「気になる子」とその保護者への支援のストーリーをとおして学びます。「気になる子」を正しく理解するために、「発達心理学」や「障害児保育」などで学んだことをふり返っておきましょう。

Lesson 3 子育て支援の基本的価値・倫理

Lesson 3のねらい

◎ 保育所保育指針と保育士倫理綱領より、子育て支援の基盤となる価値・倫理について理解する。
◎ 保護者との信頼関係を築くために必要な心構えや態度を習得する。

＋ ストーリーを読むにあたって……

ストーリー③では、保育現場で話題になることが多い「気になる子」が登場します。「気になる子」とは、保育者や教師が専門的観点でとらえるからこそ「気になる」わけですが、保護者のほうでも保育者と同じように感じているとは限りません。あや先生にとって、ヒロトくんの姿のどこが気になるのか、その一方で保護者は、どのように受け止めているのか、読み取ってください。

[登場人物プロフィール]

ヒロトくん

いわゆる「気になる子」。難しい文字がスラスラ読めるのに、お絵描きは大の苦手。昆虫図鑑がお気に入り。

ヒロトくんのお母さん

仕事熱心な母親。親子関係は良好。知育重視でヒロトくんの育ちのアンバランスさは、まったく気にしていない。

ヒロトくんのおばあさん

ヒロトくんの母親が離婚してから同居して、家事とヒロトくんの世話をしている。家でも図鑑を見ることが多いヒロトくんを誇らしく思っている。

ストーリー③ 気になる子と気にならない保護者

ヒロトくんは、ばら組で誕生日が一番早くて体格もよいので、5歳児くらいに見える大人びた雰囲気の男の子である。お母さんとおばあさんと3人暮らしで、お母さんは裁量労働制の勤務形態をとる製薬会社の研究所に勤務しており、おばあさんがヒロトくんの世話や送迎をしている。お父さんは、ヒロトくんが生まれて間もなく離婚したために、ヒロトくんには、お父さんの記憶はない。家では、おばあさんがお母さん役、お母さんがお父さん役をしている状況なので、ヒロトくん自身はさびしくなさそうだ。

というよりむしろ、ヒロトくんは人に対する愛着とか興味をあまりもっていないのではないか、とあや先生は感じている。いつも一人遊びをしていて、友達と一緒に遊ぶよう仲立ちをしても、いつのまにか友達の輪から離れていってしまう。虫のことなど、ヒロトくん自身にとって興味のあることは一生懸命に話すものの、話が一方的なので、友達にはなかなか通じない様子。でも、友達に通じないことを残念に思ったりすることもないようだ。虫の図鑑を眺めるのが大好きで、誰も教えていないにもかかわらず、ひらがなはもちろん、カタカナ、アルファベット、簡単な漢字まで読めるようになった。知育を重視しているお母さんやおばあさんは、そんなヒロトくんが誇らしくてたまらない様子である。

その一方、とても不器用で、ハサミをつかったり、折り紙を折ったりするのは、大の苦手。運動も苦手で、とくにボールを投げたり蹴ったりすることはほとんどできない。この前、クラスで、誕生会の出し物のダンスの練習をしたときも、みんなと一緒にスキップで入場してくるところがうまくできず、ステージから転げ落ちそうになった。

主任のみどり先生は、「ヒロトくんは『自閉症』というほどではなさそうだけど、『気になる子』だよね。巡回相談や発達支援センターでしっかりみてもらえると一番いいけど……。でも、相談する前にお母さんの了解をとらないといけないし、センターの場合は、お母さんに仕事を休んで付き添ってもらわないといけないのよね」とため息をついた。

あや先生もヒロトくんのアンバランスさが、とても気になっている。でも、お母さんに伝えた場合、「先生は、うちの子が遅れているとでもいいたいのですか」などと反発されそうで、いいだしかねている。

このように、あや先生が悩んでいたところ、お母さんから、保育時間をさらに延長し、土曜日保育も利用したいという申請書が提出された。園長先生がお母さんに申請理由をたずねたところ、「今までは、ヒロトくんに父親がいないさびしさを味わわせないように仕事をセーブしてきたが、息子もしっかりしてきたし、園のほうでもよくやっていただけているので、仕事をセーブしなくても、もう大丈夫でしょう。今後は、泊まりの出張も入れていこうと思います」とのことだった。

お母さんの気持ちがすっかり仕事のほうに傾いていることを知ったあや先生は、園でのヒロトくんの姿をきちんと伝えなければならないとは思うものの、どう切り出したらいいものか、悩みは深まるばかりである。

Lesson3 | 子育て支援の基本的価値・倫理

補足 **裁量労働制**：労働時間の計算を、実労働時間ではなく「みなし時間」によっておこなうことを認める制度を指す。業務の遂行手段や時間配分は労働者自身にゆだねられる。対象となるのは、専門知識・技術を必要とする業務に携わる労働者や、企業の中枢部門において企画などの業務をおこなう労働者など。

補足 **自閉スペクトラム症**：発達障害の1つで、他者とのコミュニケーションの困難、独特の行動パターン（こだわり）などの症状をもつ。原因は不明であり、適切な支援がなされなかった場合、自己評価の低さなどの二次障害が引き起こされることが多い。

補足 **気になる子**：クラスにおける集団活動のなかで、保育者や教師としての専門的観点からアプローチした場合に「気になる」行動パターンを見せる子どものこと。ただし、同じ子どもの行動であっても、専門的観点をもたない人にとっては「気にならない」こともある。一般的に、保育や教育の現場では、発達障害の症状をもつ子ども指すことが多い。

補足 **巡回相談（保育所等訪問支援）**：相談員が園を訪問し、発達に課題のある子どものニーズを把握し、必要とする支援の内容と方法を明らかにするために、担任、保護者など、児童生徒の支援を実施する者の相談を受け、助言すること。

補足 **児童発達支援センター**：発達に課題のある子どもを通所させて、日常生活における基本的動作の指導や集団生活への適応のための訓練をおこなう施設。「福祉型」と、さらに診察や治療も可能な「医療型」に分類される（⊙ストーリー⑭106ページ）。

演習課題❶ ストーリーを読んで感じたことを自由に書こう。

演習課題❷ 以下の問題に答えながらストーリーを読みこもう。

問題1 なぜお母さんは「仕事をセーブしなくても、もう大丈夫」と思ったのか、その理由を具体的に書こう。

問題2 あや先生やみどり先生にとって、どのような点が「気になる」のか、ヒロトくんの発達課題をどのようにとらえているのか書こう。

＋ ストーリーの 社会的背景

　近年、多くの園で発達障害や「気になる子」が話題にされるようになりました。「気になる」状態がそのまま続いた場合、発達のアンバランスさが大きくなる可能性が高いので、巡回相談（保育所等訪問支援）を利用したり、他機関との連携をとりながら対応することが望ましいでしょう。ただし、その前提として、他機関に子どもや家族の個人情報を開示することについて保護者の承諾を得る必要があります。このストーリーのように、特別なニーズへの支援の必要性を家族に理解してもらうこと自体が大きなハードルとなることが指摘されており、その対策として**5歳児健診**を導入する自治体もあります。

＋ ストーリーを深く 理解するために……

　このストーリーからは、**保育所と家庭が共通認識をもつこと**の難しさが伝わってきます。保護者と連携して協働するにあたり、保育者はどのような価値や倫理をよりどころにし、どのような姿勢で働きかけていけばよいのか、学んでいきましょう。

17

1 | 子どもの最善の利益の尊重

「子どもの最善の利益の尊重」とは、「児童の権利に関する条約（通称：子どもの権利条約）」により示された基本原理です。社会のなかでは声をあげにくく弱い立場にあるからこそ、**子どもにとって善いことを優先させる**という理念です。**児童福祉法**でも2016（平成28）年の改正により、わが国の子ども家庭福祉制度の基本原理として法律の冒頭（第1章　総則）に示されました。

全国保育士会倫理綱領でも、最初の条文に掲げられています（21ページのコラム参照）。2017（平成29）年告示の『保育所保育指針』には、以下のように記載されています。また、『幼保連携型認定こども園教育・保育要領』でも、第1章や第4章に「子どもの最善の利益」という語が見られます。

保育所保育指針　第1章　総則　1　保育所保育に関する基本原則　（1）保育所の役割
ア　（前略）保育所は、児童福祉法第36条の規定に基づき、保育を必要とする子どもの保育を行い、その健全な心身の発達を図ることを目的とする児童福祉施設であり、入所する**子どもの最善の利益**を考慮し、その福祉を増進することに最もふさわしい生活の場でなければならない。

保育士は、その職務として子どもの保育と保護者に対する家庭支援の2つをおこなうことが、児童福祉法に規定されています（➡4ページ）。その背景には、子どもだけを援助するよりも、その家庭まるごと支援したほうが、子どもの幸せにつながる、という理念があります。

しかし、虐待など、保護者が個人的利益を優先し、子どもに悪影響がおよぶことが予想される場合は、保育者は子どもの側に立ちます。ストーリー③（16ページ29〜38行）のあや先生の悩みも、お母さんの利益とヒロトくんの利益との間に起こるジレンマとしてとらえられます。

2 | 子どもの成長への気づきと子育てのよろこびの促進

保育所保育指針　第4章　子育て支援　1　保育所における子育て支援の基本的事項　（1）保育所の特性を生かした子育て支援
イ　（前略）保護者が子どもの成長に気付き子育ての喜びを感じられるよう努めること。

子育てには苦労がつきものです。その一方で、ちょっとした子どものしぐさにかわいらしさを感じたり、「はじめての○○」に成長を感じたりする子育て特有のよろこびや楽しさがあります。

ただし、このようなよろこびを味わうためには、**大人の側に子どもをみる目や気持ちの余裕が必要です**。これまで、子どもにふれ合ったことがなかったり、あるいは、さまざまな事情により子どもの育ちに気づいたり、これをよろこんだりすることが難しい保護者もいます。そのような状況に置かれた人であっても、わが子ならではのよさや育ちに気づいて指摘してくれる人や、それを一緒に共感しあえる人がいれば、子どもに対して、もっと積極的にかかわろうという気持ちがふくらむことでしょう。

保育者には、**ちょっとした気づきでもすぐに保護者に伝え、子どもを目の前にして確認しあうことができる**という強みがあるのです。

18

3 保護者における子育てを自ら実践する力の向上

> 保育所保育指針 第4章 子育て支援
> （前略）**保護者及び地域が有する子育てを自ら実践する力の向上**に資するよう、次の事項に留意するものとする。

女性の社会進出とともに、家事や育児についても、お金で買えるサービスのメニューが広がりました。たしかに、こうしたサービスは気をつかうこともなく、とても便利ですが、消費してしまえば終わりです。

一方、子育ては気苦労が多く、手間もかかるものですが、その経験はやがて保護者自身の力となり、将来にわたり生かしていくことができます。ストーリー③（16ページ31〜35行）の場合、保護者の意向どおりに保育時間のみ延長し、ヒロトくんが抱えている課題について園内だけで対処するならば、このお母さんがヒロトくんに正面から向き合うチャンスを逃してしまうのではないでしょうか。

目の前の困りごとを解決するだけならば、ほかの子育てサービスでも十分可能であることは多いでしょう。**保護者が、子育てを自ら実践する力を伸ばしていく姿に、日々寄り添い続ける**ことこそが、保育者による子育て支援が、ほかの子育てサービスや、ほかの専門職とは一線を画するところなのです。

4 保護者の自己決定の尊重

> 保育所保育指針 第4章 子育て支援 1 保育所における子育て支援の基本的事項 （1）保育所の特性を生かした子育て支援
> ア 保護者に対する子育て支援を行う際には、各地域や家庭の実態等を踏まえるとともに、保護者の気持ちを受け止め、相互の信頼関係を基本に、**保護者の自己決定を尊重する**こと。

ストーリー③（16ページ31〜35行）のように、保護者の意向（自己決定）が、保育者の思いとは異なる場合は対応が難しくなります。「保護者の意向どおりにすすめた場合（例：延長保育などをおこなう場合）、子どもにとっての幸せ（福祉）につながるのか」という視点からも、支援方法を吟味しなければなりません。

なぜ保護者がそのような自己決定をおこなったのか、家庭状況や就労状況から問題の背景を推測しながら、保護者の思いを探っていくと、支援の手がかりがつかめることでしょう。

とはいえ、保護者は子どもとは異なり、保育者に対してストレートに心情を吐露することは少ないものです。しかし、保育者が保護者に距離をおいたことにより、保護者が保育者に対して「どうせ理解してもらえない」という気持ちを抱いてしまうと、同じ目的に向かって力を合わせることは難しくなってしまうでしょう。

そうした状況に陥らないように、**保護者一人ひとりとていねいにかかわり、それぞれの家庭の状況を把握した上で、親としての思いを理解する**よう努めましょう。言葉によるやりとりだけでなく、保護者の表情やしぐさを注意深く観察し、声に耳を傾けることで、理解が一層深まります。

その一方で虐待など、子どもの利益にならないことが法的に明らかな場合は、保護者の意向に関係なく、通報などの踏み込んだ対応も必要になります。

5 保護者の状況に配慮した個別の支援

> 保育所保育指針　第1章　総則　1　保育所保育に関する基本原則　（3）保育の方法
> カ　**一人一人の保護者の状況やその意向を理解、受容し**、それぞれの親子関係や家庭生活等に配慮しながら、様々な機会をとらえ、適切に援助すること。

> 保育所保育指針　第4章　子育て支援　2　保育所を利用している保護者に対する子育て支援
> （2）保護者の状況に配慮した個別の支援
> イ　**子どもに障害や発達上の課題が見られる場合**には、市町村や関係機関と連携及び協力を図りつつ、保護者に対する個別の支援を行うよう努めること。
> ウ　**外国籍家庭など、特別な配慮を必要とする家庭の場合**には、状況等に応じて個別の支援に行うよう努めること。

　ストーリー③の場合、クラスのなかだけで、発達障害の症状にあわせた対応をおこない、ヒロトくんがクラス活動では困らないようにしつつ、お母さんの意向どおり延長保育を実施する、というやり方ですすめていくことも可能です。しかし、このやり方では、親子関係や家庭生活まで十分に考慮したとはいえないでしょう。

　今のところヒロトくんは、家庭ではお母さんにとって「気になる」姿は見せていないようですが、保育者の専門性からとらえると、お母さんの自己決定にそのまましたがうことがベストだといい切れないのではないでしょうか。子どもの発達に課題があると思われる場合（⇒ストーリー⑭106ページ）や日本語を母語としない保護者の家庭（⇒ストーリー⑩74ページ）など、個別の配慮が必要な家庭の支援には、ていねいな状況把握をおこなった上で、園内だけでなく、園外の連携もおこないながら、細やかな配慮の積み重ねていくことが大事です。

子どもの生活の連続性

> 保育所保育指針　第4章　子育て支援　2　保育所を利用している保護者に対する子育て支援
> （2）保護者の状況に配慮した個別の支援
> ア　保護者の就労と子育ての両立等を支援するため、保護者の多様化した保育の需要に応じ、病児保育事業など多様な事業を実施する場合には、保護者の状況に配慮するとともに、子どもの福祉が尊重されるよう努め、**子どもの生活の連続性を考慮すること**。

　ストーリー③では、延長保育の申請のみ出されていました。今後、お母さんの働き方や、おばあさんの体調などに変化があった場合、夜間保育・休日保育・一時保育・病児保育のニーズも出てくるかもしれません。その場合には、大人の都合だけでなく、**子どもの心身に大きな負担をかけず、できるだけ自然に状況の変化を受け入れられるよう考慮する**必要があります。

Lesson 3 | 子育て支援の基本的価値・倫理

Column | 全国保育士会倫理綱領

　すべての子どもは、豊かな愛情のなかで心身ともに健やかに育てられ、自ら伸びていく無限の可能性を持っています。

　私たちは、子どもが現在（いま）を幸せに生活し、未来（あす）を生きる力を育てる保育の仕事に誇りと責任をもって、自らの人間性と専門性の向上に努め、一人ひとりの子どもを心から尊重し、次のことを行います。

　私たちは、子どもの育ちを支えます。

　私たちは、保護者の子育てを支えます。

　私たちは、子どもと子育てにやさしい社会をつくります。

1. **（子どもの最善の利益の尊重）**　私たちは、一人ひとりの子どもの最善の利益を第一に考え、保育を通してその福祉を積極的に増進するよう努めます。

2. **（子どもの発達保障）**　私たちは、養護と教育が一体となった保育を通して、一人ひとりの子どもが心身ともに健康、安全で情緒の安定した生活ができる環境を用意し、生きる喜びと力を育むことを基本として、その健やかな育ちを支えます。

3. **（保護者との協力）**　私たちは、子どもと保護者のおかれた状況や意向を受けとめ、保護者とより良い協力関係を築きながら、子どもの育ちや子育てを支えます。

4. **（プライバシーの保護）**　私たちは、一人ひとりのプライバシーを保護するため、保育を通して知り得た個人の情報や秘密を守ります。

5. **（チームワークと自己評価）**　私たちは、職場におけるチームワークや、関係する他の専門機関との連携を大切にします。また、自らの行う保育について、常に子どもの視点に立って自己評価を行い、保育の質の向上を図ります。

6. **（利用者の代弁）**　私たちは、日々の保育や子育て支援の活動を通して子どものニーズを受けとめ、子どもの立場に立ってそれを代弁します。また、子育てをしているすべての保護者のニーズを受けとめ、それを代弁していくことも重要な役割と考え、行動します。

7. **（地域の子育て支援）**　私たちは、地域の人々や関係機関とともに子育てを支援し、そのネットワークにより、地域で子どもを育てる環境づくりに努めます。

8. **（専門職としての責務）**　私たちは、研修や自己研鑽を通して、常に自らの人間性と専門性の向上に努め、専門職としての責務を果たします。

＋ Lesson 3の まとめ

どのような専門的知識・技術であっても、その専門職特有の価値や倫理に しっかり結びつくことではじめて、対人援助に役立つものとなります。 Lesson 3では、『保育所保育指針』などに示された保育者特有の価値、倫理 について学びました。

＋ ○×問題

1. （　） 子育て支援の際には、保護者と子どもの利害が対立する場合、保 護者の利益について優先的に対応する。

2. （　） 母親の話から、家で父親が虐待をしていることが疑われた場合、 父親の了解を得てから、児童相談所に通告する。

3. （　） 子育て支援においては、保育者への信頼を基本に保護者の自己決 定を尊重する。

4. （　） 待機児童問題について、地域の保護者の声を代弁してデモをする ことは、保育士としての倫理から外れる。

5. （　） 子育て支援は、子どもの生活の連続性を考慮しながらおこなう。

演習課題 ❸ Lesson 3で学んだことをもとに、気づきや感想を書こう。

＋ より深く 学びたい人へ

全国保育士会・柏女霊峰『全国保育士会倫理綱領ガイドブック』全国社会福 祉協議会、2009年

　倫理綱領の前文や各条文に対し、それぞれに詳しい事例を添えて、ていねいに 説明されています。「3．保護者との協力」や「7．地域の子育て支援」は、とく に重要です。

＋ 予習に おすすめの本

直島正樹・原田旬哉編『図解で学ぶ保育　社会福祉』萌文書林、2015年

　保育士の萌さんの一生をとおして、社会福祉の理念や制度について説明したテ キストです。子ども時代の萌さんのストーリーから、貧困が子どもの成長にもた らす影響について学ぶことができます。

　Lesson 4では、貧困家庭をとりあげ、保育者としてどのような姿勢で向きあうのか考えていきま す。相対的貧困や貧困の見えにくさについて、「社会福祉」のテキストなどで復習しておきましょう。

Lesson 4 子育て支援の基本的姿勢

Lesson 4のねらい

◎ 保育所保育指針に示された子育て支援をおこなうための基本的姿勢を習得する。
◎ 保護者とよりよいコミュニケーションをおこなうために必要な保育者側の心構えや態度について理解する。

＋ストーリーを読むにあたって……

近年、日本でも、ようやく相対的貧困や子どもの貧困が社会問題として人々の話題にのぼるようになりました。ストーリー④では、貧困状態に陥ってしまった元エリート・サラリーマンの家庭をとりあげています。子どもの貧困の特徴である「見えにくさ」と「複雑さ」をストーリーから感じとってください。そして貧困家庭に対し、保育者として、どのような援助ができるのか、考えていきましょう。

［登場人物プロフィール］

チカちゃん
友達も多く、一見、明るく元気な子。最近、忘れ物が急に増えてきた。

チカちゃんのお母さん
一見すると裕福な家庭の奥さん。現在、生計をたてるために、パートやアルバイトの仕事をかけもちして働いている。

チカちゃんのお父さん
かつては仕事ひと筋だったが、リストラされて、ウツ病になってしまった。

山田さん
チカちゃんの地域の民生委員（児童委員）。見守り活動をおこなっている。

＋ストーリー④　貧困家庭

チカちゃんはくりくりとした瞳をもつ活発な女の子。チカちゃんが０歳児クラスにいたころ、お父さんは誰もが名前を聞いたことのある有名企業に勤め、お母さんはその系列会社でパートづとめをする裕福なサラリーマン家庭だった。しかし、エリートコースを歩んでいると誰もが思っていたお父さんだったのに、突然、リストラにあってしまった。もともと過労気味だったお父さんは、退職をきっかけにウツ病を発症してしまった。なんとか次の仕事を見つけても長続きせず、安定した収入が得られなくなった。あっという間に貯蓄は底をつき、お母さんは、パートに加えて、近所のコンビニエンスストアでアルバイトをせざる得なくなった。お母さんがコンビニで働く時間は、しだいに早朝や深夜にもおよぶようになったが、あや先生をはじめ園の職員は誰も、家庭状況の変化に気づかなかった。

お父さんが朝も夕方も送迎するようになり、持ち物の準備や支度がきちんとできていないことが続いた。「お父さんかお母さんにちゃんといわないと……」と、あや先生はあせり始めた。しかし、お父さんに話しかけようとしても、目も合わせてくれないことが多く、連絡帳や母親の携帯の留守電にメッセージを入れても返事がこない。あや先生自身、気になりつつも、ついつい声をかけそびれてしまう毎日だった。

５月の遠足のとき、お弁当やリュックの準備もないまま、普段どおりに登園し、チカちゃんを残して、お父さんが帰ってしまい、そのまま連絡がとれなくなるというアクシデントが起こった。その日は急遽、園で替わりを用意し、チカちゃんは遠足に参加することができたが、あや先生は今後、また同じようなことがあったら……と不安にかられた。園長先生と相談したところ、「家庭状況を詳しく把握するように」とアドバイスをもらった。さっそく、主任のみどり先生にも立ち会ってもらい、お母さんとの個人面談をおこなった。予想に反し、お母さんは始終にこやかで、気になる発言はとくになかった。

このことを園長先生に報告したところ、「お母さんが全部話してくれているかどうか、ひっかかるわね。あの地区の担当の民生委員（児童委員）さんは、山田さんでしたね、見守りをしていただけるよう、頼んでみましょう」といわれた。チカちゃんの家は隣の学区であり、園から遠かった。あや先生は、家庭訪問まで踏みこめなかったことを反省しつつ、「お願いします」と頭を下げた。

山田さんが家庭訪問や見守り活動をつづけた結果、お父さんはウツ病のために家では寝ていることが多く、お母さんは仕事のかけもちで家にいないことが多いことが判明した。つまり、なんとかチカちゃんを園に通わせることだけはできていたものの、家事やチカちゃんの世話はほとんどできていなかったのだ。思い返せば、チカちゃんは口達者な子だが、家での出来事を話すのは避けていた。

その後、要支援ケースとして要保護児童対策地域協議会にも報告し、山田さんを中心に地域での見守り活動を続けていくことになった。園でも、あや先生を中心に職員同士で連携して、連絡帳やおたよりだけでなく、手紙やメールも使って、チカちゃんの姿をていねいに伝えるように心がけるようにしたところ、お母さんからの返事や連絡が少しずつ入るようになった。お父さんには送迎の際、用件だけでなく、世間話をしたり、チカちゃんのエピソードをこまめに話すようにしたところ、近ごろではときどき

Lesson 4 | 子育て支援の基本的姿勢

40　笑顔を見せるようになった。あや先生は、近々、お父さんかお母さんと面談をして、じっくりと話をきいてみようと思っている。

重要 **民生委員**（児童委員）：都道府県知事の推薦により、３年任期で各市町村の区域におかれるボランティア。民生委員は児童委員も兼ねる。地域住民の立場に立って、その生活状態を把握したり、さまざまな福祉サービスを円滑に利用できるようにするための相談や援助をおこなったりする。

重要 **家庭訪問**：担任保育者が、園と家庭の連携をはかったり、子どもの居住する地域の状況を把握したりするために、自宅を訪問する活動。かつては年度の始めごろにクラス全員を対象に家庭訪問することもあったが、近年では、縮小したり、取りやめたりする園がほとんどである。

重要 **要保護児童対策地域協議会**：児童福祉法にもとづき、要保護児童などへの適切な支援を図ることを目的として、地方自治体が設置・運営するネットワーク組織。医療・福祉・教育・司法など、さまざまな機関が参加して、情報を共有し、連携することで、迅速かつ一貫性した支援をめざす。

重要 **地域見守り活動**：民生委員（児童委員）などが、地域を巡回したり、家庭訪問することで、各家庭の様子をさりげなく気遣ったり、ちょっとした目配りをおこなったりするなかで、さまざまな問題を早期発見・早期対応する活動。

演習課題❶ ストーリーを読んで感じたことを自由に書こう。

演習課題❷ 以下の問題に答えながらストーリーを読みこもう。

問題1 連絡帳や母親の個人携帯の留守電にメッセージをいれても返事がこなかったり、面談でもすべて話してくれなかったりしたのは、なぜだろうか。チカちゃんのお母さんの気持ちを想像して書こう。

　　　　　ヒント 母親が現在の状況をどのように受け止めているか想像してみよう。

問題2 その後、園ではチカちゃんの家庭に対し、どのような支援をおこなったか、最終段落から読み取って書き出そう。

＋ ストーリーの社会的背景

　母子家庭の半数が相対的貧困の状態にあるため、貧困家庭＝母子家庭というイメージが強く、父子家庭や両親ともにそろっている家庭は見過ごしてしまいがちです。しかし、このストーリーのように、失職や病気などのアクシデントがきっかけとなり、貧困状態に陥ってしまうこともあります。

18歳未満の**子どもの貧困率は13.9％**（厚生労働省　2017）で、**７～８人に１人の割合**に相当します。自分自身が実習させてもらったクラスや担任しているクラスにあてはめた場合、何人になるでしょうか？　子どもの貧困は、保育者にとって無視できない社会問題であることがわかります。

＋ ストーリーを深く理解するために……

　貧困問題は根が深く、万能薬はありません。保育者が１人で抱え込むことなく、園内と園外のさまざまな人たちと連携をとりながら、長期にわたり、根気よく対応していくしかありません。組織として、どのような対応が可能なのか、考えていきましょう。

25

1 家庭や地域の社会資源との連携

> 保育所保育指針　第1章　総則　1　保育所保育に関する基本原則　（1）保育所の役割
> ウ　保育所は、入所する子どもを保育するとともに、**家庭や地域の様々な社会資源との連携**を図りながら、入所する子どもの保護者に対する支援及び地域の子育て支援に対する支援等を行う役割を担うものである。

　連携とは、『広辞苑　第六版』（岩波書店　2008）によると「**同じ目的をもつ者が互いに連絡を取り、協力し合って物事を行うこと**」をさします。ここでポイントとなるのは、「互いに連絡を取り」という部分です。当然、そのやりとりとは、一方的なものではなく、上下関係のない双方向のコミュニケーションが密におこなわれているわけです。

　従来、子育て支援とは、専門職が保護者に対して目上の立ち位置から助言や援助をおこなうというイメージが強かったように思います。たしかに、保護者の多くはわが子を育てるまで、乳幼児に触れた経験は少なく、なんらかの形で育児不安を抱えている人が大勢います。専門職としては「助けてあげたい」という気持ちになることが多いでしょう。しかし、その子どもと接している時間がもっとも長く、その子どもに関することを一番多く知っているのは、保護者であることがほとんどです。「わが子の専門家」である保護者と連携し、対等な立場で密に連絡をとりあいながら支援を進めていくことが、子どもの育ちに大きく貢献するのは明らかです。

　また、地域には役所や保健センターのような公的機関（フォーマルな資源）だけでなく、ボランティア活動をする人々（インフォーマルな資源）など、さまざまな社会資源があります。ストーリー④（24ページ27～36行）の園長先生と山田さん（民生委員）の関係のように、地域のなかのさまざまな資源の存在を把握するだけでなく、**そのメンバーと顔見知りになって、すぐに声をかけあえる関係を日ごろから築いておく**ことが重要です。その上で、各機関・各団体の強みと限界を把握しつつ、それぞれのもち味が生きるよう連携をすすめていきます。

2 保育所・認定こども園などの特性の活用

> 保育所保育指針　第4章　子育て支援　1　保育所における子育て支援に関する基本的事項　（1）保育所の特性を生かした子育て支援
> イ　保育及び子育てに関する知識や技術など、保育士等の専門性や、子どもが常に存在する環境など、**保育所の特性を生かし**、保護者が子どもの成長に気付き子育ての喜びを感じられるように努めること。

　保育所・認定こども園などは、子どもが常に存在する場として、以下のとおり子育て支援にとって有効な5つの特徴をもっています。

（1）毎日通える身近で気軽な居場所

　親族や地域社会の結びつきが弱くなった現代社会では、乳幼児づれの家族が、いつでも気軽に訪れることができる場所は少ないのが現状です。このような社会状況において、原則として年末年始と日曜祝日を除けば毎日通うことができる場は貴重です。

　また、日々継続して通うことができるため、ストーリー④の貧困のほか、虐待などの問題でも早期発見・早期対応がしやすく、さらに、専門職が援助に入ったあとのアフターケアでも力を発揮することができます。

（2）災害時の緊急対応もできる安全な居場所

　子どもの安全を守るためのとり組みとして、ハード面では、子どもの安全を守るために建物の設計から物品配置に至るまで専門的知識にもとづく配慮がなされています。ソフト面では、避難訓練や緊急時対応訓練などが全職員の参加のもとで定期的に実施され、さまざまな災害や事故に備えています。

（3）子どもの育ちにふさわしい物的環境

　保育所・認定こども園などでは、子どもの目線・動き・生活リズムなどに適切に対応できるよう、保育者はその専門的知識・技術を駆使して環境構成をおこなっています。保護者は、送迎や子どもを遊ばせる間に、園内の家具や遊具のレイアウトや玩具・玩具などを実際に触れ、自宅での育児や家事の参考にすることができます。

（4）子どもの育ちにふさわしい人的環境

　園は毎日、子どもや保護者が大勢集まってくる場です。このような子育てに必要な人々の集まりは、普段の地域社会の暮らしでは、なかなか見られなくなりました。いろいろな年齢の人々が集まるため、同年齢の**ヨコの関係**だけでなく、年齢や年代の異なる**タテの関係**や**ナナメの関係**など、さまざまな人間関係が経験できます。

　また、園には保育者のほかにも、看護師や栄養士など、さまざまな**専門職**が配置されています。忙しくて余裕のない保護者にとって、気がかりなことを、すぐに専門の職員に聞くことができ、対応してもらえるのは、とても心強いものです。また、複合的な問題を抱える家庭の場合、専門職がそれぞれの専門性を発揮しつつ、連携して対応することは、非常に効果的です（❹ストーリー⑥40ページ24〜29行目）。

（5）地域子育て支援ネットワークの重要な拠点

　ストーリー⑥（❹40ページ34〜38行目）やストーリー⑫（❹91ページ41〜61行目）の「ひだまり」のように、**地域子育て支援拠点**が併設されている保育所は多く、子育てサロンや講習会など、さまざまな活動がおこなわれています。また、幼保連携型認定こども園は、地域子育て支援を実施することが、認定の要件になっています。

　また、子ども・子育て支援法の施行により、小規模保育・家庭的保育などの**地域型保育事業**が始まりました。ただ、これらは、集団サイズが小さく、大がかりな設備はそろっていません。こうした不備は、プールや園文庫などの設備を借りたり、運動会などの行事に加わったりするなど、**認可保育所や幼保連**

携型認定こども園などが「連携施設」としてバックアップすることで問題解決がなされるよう努力しています。

要保護児童対策地域協議会や自立支援協議会（子ども部会）など、さまざまな子育てネットワークにおいても、重要な支援拠点として位置づけられており、『幼保連携型認定こども園教育・保育要領』においては、次のように書かれています。

幼保連携型認定こども園教育・保育要領　第4章　子育ての支援　第3　地域における子育て家庭の保護者等に対する支援
3　幼保連携型認定こども園は、地域の子どもが健やかに育成される環境を提供し、保護者に対する総合的な子育ての支援を推進するため、**地域における乳幼児期の教育及び保育の中心的な役割を果たすよう努めること。**

---

3 | 保育者の専門性の活用

保育所保育指針　第1章　総則　2　保育所保育に関する基本原則　（1）保育所の役割
エ　保育所における保育士は、…（中略）…**倫理観に裏付けられた専門的知識、技術及び判断を
もって、子どもを保育するとともに、子どもの保護者に対する保育に関する指導を行うものであ
り、その職責の遂行するための専門性の向上に絶えず努めなければならない。**

「子どもの保護者に対する指導」とは子育て支援を指しており、保育者の専門性にもとづいておこなわれることが明記されています。つまり、社会経験や子育て経験などの個人特性ではなく、**子どもへの育ちを支援するのに必要な保育に関する専門的知識・技術を土台として、保護者と対等な立場で協力しあいながら子どもの育ちに貢献していくことが、保育者の職務であり、専門性であるといえます。**

4 | 相互の信頼関係の促進

保護者との信頼関係は、自然に形成されるものではなく、保育者からの働きかけが必要であり、いったんできあがったあとも、これを維持するための配慮をおこたれば不安定なものとなります。信頼関係を形成する方法として、受容・傾聴・共感が基本です。受容・傾聴・共感とは、誤解の多い概念ですので、類似概念と比較しながら正確な意味を理解しておきましょう。

（1）受容

受容とは、**相手の行動の根底にある思いを受け入れ、理解しようとする姿勢**を指します。相手のいいなりになったり、大目にみたりすることを指す「許容」とは異なります。

（2）傾聴（聴く）

傾聴とは、**相手のおかれた状況や思いを理解するために、想像を巡らせながら聴くこと**を指します。単に、音として「聞く」こととは異なります。

（3）共感

共感とは、**相手の感じている気持ちをあたかも自分の気持ちのように感じること**を指します。相手の苦しみ・悲しみ・不幸などのネガティヴな状態に対し、かわいそうに思う「同情」とは違います。相手に調子を合わせるだけの「同調」とも異なります。

・受容 ≠ 許容
・傾聴 ≠ 聞く
・共感 ≠ 同情、≠ 同調

5 ｜ 保護者との（保護者同士の）相互理解の促進

保育所保育指針　第4章　子育て支援　2　保育所を利用している保護者に対する子育て支援
（1）保護者との相互理解
ア　日常の保育に関連した様々な機会を活用し子どもの日々の様子の伝達や収集、保育所保育の意図の説明などを通じて、**保護者との相互理解**を図るよう努めること。

保育者と保護者との間で相互に理解しあうためには、前述の受容・傾聴・共感の手法などを活用して保育者側から寄り添っていくことが基本です。その上で、保育実践の様子を伝え、保育者の意図を説明したりすることにより、園側と家庭とが相互に理解しあうことができ、信頼関係はさらに深まります。

その具体的な方法として、本書では、後述するLesson8〜11を中心に保育参加（保育の活動に対する保護者の積極的な参加）の方法や連絡帳、おたよりの書き方などを解説しています。

6 ｜ 個人情報およびプライバシーの保護と秘密保持

児童福祉法　第18条の22
保育士は、正当な理由なく、その業務に関して知り得た人の秘密を漏らしてはならない。保育士でなくなった後においても同様とする。

保育所保育指針　第1章　総則　1　保育所保育に関する基本原則　（5）保育所の社会的責任
ウ　保育所は、入所する子ども等の**個人情報**を適切に取り扱う（以下略）。

保育所保育指針　第4章　子育て支援　1　保育所における子育て支援に関する基本的事項　（2）子育て支援において留意すべき事項
イ　子どもの利益に反しない限りにおいて、保護者や子どもの**プライバシー**を保護し、知り得た事柄の秘密を保持すること。

保育士資格が国家資格になった際、児童福祉法に、新たに保育者の守秘義務が加わり、保育所保育指針などにも反映されています。近年、ICT（Information and Communication Technology）の普及により、本人の意図を超えて、個人を特定する情報である「個人情報」や、他人に知られたくないプライバシーにふれる情報が拡散してしまい、とり返しがつかない状況に陥ってしまったり、事件に発展する恐れのある問題が生じるケースがあります。

　その一方で、他機関との連携の際は、個人情報などを開示することにつながるため、保護者にその旨を説明し承諾してもらう必要があります。ただし、虐待の通報などの場合は、別の対応となります。

＋ Lesson 4 のまとめ

　Lesson 3 に引き続き、『保育所保育指針』第4章に沿って、子育て支援をおこなう上での基本について述べてきました。子育て支援の基盤となる「保育者の専門性と保育所の特性」について、しっかり学んでいきましょう。

＋ ○×問題

1.（　　）保育士でなくなった後、業務に関して知り得た人の秘密を守らなくてもよい。

2.（　　）個人情報保護法における個人情報とは、個人の秘密に関する情報を指す。

3.（　　）傾聴では、相手のことを理解しようとする姿勢が不可欠である。

4.（　　）相手を受容するためには、相手の主張をすべて受け入れなければならない。

5.（　　）共感とは、感情移入して、相手の立場になって考えることをさす。

演習課題❸　Lesson 4 で学んだことをもとに、気づきや感想を書こう。

＋ より深く学びたい人へ

師岡章『保育者と保護者の"いい関係"―保護者支援と連携・協力のポイント―』新読書社、2010年

　保護者や他職種・他機関の人々と対等な立場で連携していくためには、まず「いい関係」を築きあげる必要があると筆者は主張しています。そのための具体的な方法や態度について、事例もあげながら、ていねいに説明されています。

＋ 予習におすすめの本

小林育子・小舘静枝・日高洋子『保育者のための相談援助』萌文書林、2011年

　保育者が習得すべきソーシャルワーク（相談援助）の技術について解説したテキスト。ケースワークやグループワークの事例として、実際に保育所でおこった出来事をもとにしたエピソードが豊富にのせられています。

　Lesson 5 では保護者への支援プロセスやコミュニケーションを上手にとるためのテクニックについて学びます。ソーシャルワークの技法を基礎としているため、「相談援助」のテキストなどで復習しておきましょう。

Lesson 5 子育て支援の基本的技術

Lesson 5 のねらい

◎ 子育て支援のプロセスと特徴を把握する。
◎ 子育て支援に必要なコミュニケーション技法を具体的に理解する。

＋ストーリーを読むにあたって……

ストーリー⑤では、離婚後に子どもを引きとった父親が相談にやってきます。子育て支援といえば、母親が対象となることが多いですが、この家庭のように、父親が積極的に親としての役割を担い、保育者との連携を求めてくることもあります。性や年齢にかかわりなく、誰とでもスムーズにコミュニケーションをとるには、どのような専門的技術が必要なのか、読み解いていきましょう。

[登場人物プロフィール]

カズくん

2歳児クラスすずらん組のとてもやんちゃな男の子。お父さんとおばあさんにかわいがられているため、お母さんがいなくても、さびしそうな様子はない。

竹下さん

カズくんのお父さん。カズくんが赤ちゃんのころにお母さんと離婚。カズくんにさびしい思いをさせないように、仕事と家庭の両立を模索している。

カズくんのおばあさん

カズくんの祖母。母親代わりとしてがんばってきたが、高齢のため、体力的に厳しく、長時間、カズくんの相手をすることは難しくなってきた。

まい先生

2歳児クラスすずらん組担任。入職2年目。新人のあや先生にとっては、もっとも親しい身近な相談相手。クラスの子どもたちの母親や祖父母とは気兼ねなく話すことができるようになったが、父親に対しては、今でも少し緊張しながら応対している。

✚ ストーリー⑤ 父子家庭

[1] 　　　ばら組の隣、2歳児クラスすずらん組の保
護者である竹下さん（男性、メーカー勤務）
は、1年前に離婚して、歩き始めたばかりの
カズくんを連れて実家に戻り、おばあさん
[5] （竹下さんの実母、無職、68歳）との3人暮
らしを始めた。竹下さんは、かつてカズくん
を幼稚園に入れたいと希望していたが、おば
あさんの負担を考えて、保育園に入園させた。
　　　朝は竹下さんが送り、夕方はおばあさんが
[10] 迎えにくる。竹下さんは他人と気軽に話せる
タイプではなく、おばあさんも耳が遠いために、コミュニケーションをとっていくには、ひと工夫が必
要な家庭である。カズくんが園に慣れてきたころ、竹下さんのほうから相談したいので、時間をつくっ
てほしいという申し入れがあった。ちょうど、クラスの個人面談の時期だったので、そのなかで相談す
ることもできたが、竹下さんとじっくり話し合うために、よりていねいに個別対応することにした。

[15] 　　　竹下さんと予定を調整した結果、竹下さんが勤務していない土曜日で、職員体制に余裕のある時間帯
に来園してもらうことになった。当日、クラス担任のまい先生と主任のみどり先生は、お父さんを面談
室に招き入れ、お互いにはす向かいとなる位置で、テーブルについた（➡イラスト）。

主　任　「竹下さん、お休みのところわざわざ来てくださり、ありがとうございます①【　　　　】。昨日
[20] 　　　　　は、天気が悪くて、1日中お部屋で過ごしたけど、今日は天気がよくなったから、カズくんも
　　　　　お外で遊べますね②【　　　　　　　】。」

父　親　「朝ごはんが終わったら、すぐに外に行きたいっていいだして、祖母と近所を散歩したあと、
　　　　　登園したんです。」

主　任　「カズくん、おばあさまによくなついているけど、なんといっても体力があるから、さすがの
[25] 　　　　　おばあさまも大変といえば、大変でしょうね。おうちのほうでは、いかがですか？」

父　親　「妻が家を出ていって以来、カズにさびしい思いをさせないために、仕事を減らし、早めに帰
　　　　　るようにし、出張がからむ仕事は断るようにしてきたんです。家のほうは、なんとかなってき
　　　　　たのですが、ただ仕事をセーブするのは難しくて……。」

主　任　「（深くうなずきながら）……③【　　　　　】」

[30] **父　親**　「この前、上司に呼ばれて、子会社への出向を示唆されたんですが、できれば今のポジション
　　　　　に踏み留まりたいんです。出張とか、残業とか断れなくなるけど、でも、カズの将来を考える
　　　　　と……。」

主　任　「……④【　　　　】。ええ……（ひと呼吸おいて）、そうですね……⑤【　　　　】、（さらにひ
　　　　　と呼吸おいて）カズくんの将来を考えるとね……⑥【　　　　】。竹下さんとしては、どのよ
[35] 　　　　　うな働き方を考えておられますか？　⑦【　　　　　　　　　　　】」

父　親　「今までは、ほかの人に代理をお願いしたりしてきたけど、本当は最低でも、半年に1回、1
　　　　　週間くらいの海外出張もしなければならないんです。あと今のところ、カズが病気のときは休
　　　　　みをとるようにしていたのですが、少し体調が悪い程度ならば、どこかにあずかっていただけ
　　　　　ると助かるのですが……。」

Lesson5 | 子育て支援の基本的技術

主　任　「少し体調が悪い程度とは、発熱や下痢などの症状のことですか、それとも、インフルエンザなどの学校感染症の出席停止期間のことですか？　⑧【　　　　　　　　　】」

父　親　「どちらかといえば、熱が下がってからの登園できるまでの期間ですね。この前のインフルエンザのときも、特効薬のおかげで、翌日には熱が下がっちゃって、でも出席停止期間があるから、家のなかで過ごしていると、すっかり退屈して、最後には家のなかでも走り回っちゃって、階下から苦情がきたくらいなんです。祖母はカズを不憫がって、強く叱れないもんだから、すっかりワガママになっちゃって、結局、みきれなくなってしまうんですね（苦笑）。」

主　任　「さすがのおばあさまも大変な思いをされてらっしゃるでしょうね⑨【　　　　　】。」

担　任　「カズくん、体力あるからねえ。」

主　任　「出席停止の規定がある病気のときは、熱が下がったあとも大変なのですね。あと、海外出張ではお父さんが何日もいなくなるから、おばあさまだけでは難しいのですね⑩【　　　】。」

主　任　「竹下さんとおばあさまが、大変な思いで子育てしていらっしゃることは、よくわかりました。病気でお休みのときや、閉園以降の夜間の対応は、園の業務としてやっていないのですが、ほかの機関と連携することで、何とかすることができるだろうと思います。たとえば、病気については病児保育サービスか、あるいは病児の対応もできるファミリー・サポートを使うことができると思います。出張時については、児童養護施設に短期入所する方法もあります。私のほうで、現在どのくらい受け入れ枠があるかなど、調べてみますので、1週間くらいお待ちいただけますか？　今、担任がパンフレットをもってまいりますので、どうぞご覧になってみてください。」

父　親　「今は、いろいろなサービスがあるのですね。パンフレットを読んでみます。」

主　任　「また、何かあれば、電話でも連絡帳でも立ち話でも、いつでもお気軽にどうぞ。⑪【　　　　　　　　】」

担　任　「お休みのところ、わざわざお越しくださいまして、ありがとうございました。」

　その後、主任のみどり先生が他機関と連絡をとり、調整をおこなった。その結果、海外出張時の対応については、少し離れているが同じ市にある児童養護施設の短期入所枠に申し込むこととなった。病時の対応については、市の社会福祉協議会から、病児の対応の資格ももつファミリー・サポートの援助会員を紹介してもらえることになった。こちらを選択した理由は、病児保育ができる小児科は隣町だったので、送迎が難しかったためである。ファミリー・サポートの援助会員の自宅は、カズくんの家の近所にあり、おばあさんの体調がよくないときにも、送迎などをお願いすることができることになった。

　後日、竹下さんは、まい先生とみどり先生に対し、カズくんの世話を他人にお願いすることを嫌がって、サービス利用に消極的だったおばあさんが、近所に頼りになる知り合いができて、とてもよろこんでいることを照れくさそうな表情で報告してから、こういった。

父　親　「日中、カズをみてもらえるだけでもありがたいのに、その上、家や会社のことで相談に乗ってもらったり、いろいろなサービスを紹介したりしてくれて、本当に助かっています。」

　担任が竹下さんの発言を近況とともに報告したところ、園長先生がこういった。

園　長　「カズくんのお父さんとおばあさんは、うまくサービスを利用できているようね。そろそろ関係機関から、あちらでの様子を聞いておくとといいわね。みどり先生、連絡してみてください。」

補足 学校感染症の出席停止期間：学校保健安全法では、学校感染症にかかっている（おそれのある場合も含む）子どもに対し、出席停止をおこなうことができることが定められている。身近な学校感染症としては、インフルエンザ、咽頭結膜熱（プール熱）、流行性角結膜炎（はやり目）などがある。

重要 短期入所：ショートステイとも呼ばれる。保護者が家庭での養育ができない場合や、家族の負担の軽減を図りたい場合に、子どもを児童福祉施設に短期入所させ、保護者に代わって養育をおこなう。

重要 社会福祉協議会（社協）：社会福祉法にもとづき、地域福祉の推進を目的とする団体。地域のさまざまな福祉関係機関や社会福祉に関する活動をおこなう者が参加する。

重要 ファミリーサポート：各市区町村では、地域において子どもの預かりなどの援助をおこないたい者と援助を受けたい者から構成されるファミリーサポートセンターが設立され、相互援助活動がおこなわれている。

補足 病児・病後児保育：保護者が就労している場合などに、病院・保育所等で病気の子どもを一時的に保育するほか、病気の子どもの自宅に訪問して保育をおこなうこと。

演習課題❶ ストーリーを読んで感じたことを、自由に書いてみよう。

演習課題❷ 以下の問題に答えながらストーリーを読みこもう。

問題1 ｜ カズくんのお父さんのニーズは何か、書き出そう。

問題2 ｜ 支援メニューとして何があげられたか、書き出そう。

＋ ストーリーの社会的背景

　母子家庭ほどではありませんが、**父子家庭も貧困に陥りやすい**ことが知られています。ストーリーにもあるように、ひとり親家庭の場合、残業・出張・休日出勤などに対応できなかったり、子どもが病気のときに休まざるをえなかったりするために、職務遂行に不利な点を抱えがちだからです。**父親の場合、苦しくても声をあげられない人が多く、母子家庭に比べ、父子家庭の困難は見えにくい**という特徴があります。

＋ ストーリーを深く理解するために……

　父親と主任を中心とする話し合いでは、主任のみどり先生がさまざまなコミュニケーション技法を活用しながら、やりとりしています。どのようなプロセスをたどっていくのか、どのようなコミュニケーション技法を用いているのか、学んでいきましょう。

1 | 子育て支援のプロセス

　図表1に示したとおり、子育て支援のプロセスは、ソーシャルワークの支援プロセスと共通する部分と、独自の部分があります。ソーシャルワークでは、通常、①受理と⑦終結は、比較的短い時間で事務的に処理されてしまいがちです。一方、子育て支援では、②支援ニーズの明確化や⑧アフターケアに、時間をかけてていねいにとり組むことができます。このような特性は、保護者自身が問題に気づいていなかったり、問題に対して正面からとり組むことが難しかったりする場合に、効果を発揮します。

　また、ソーシャルワークでは、評価や計画作成をおこなう人と、現場で利用者に対してケアワークをおこなう人は別の職種であることが多いので、その意思疎通には工夫が必要です。一方、子育て支援は、チームでおこなうにせよ、基本的には保育者が中心となり、毎日、気軽に通うことができる保育所・認定こども園の環境を活用して支援をすすめるため、迅速かつ密度の濃い連携体制をつくりあげることができます。**保育者特有の専門的知識・技術をもとに、物的環境と人的環境を構成し、ケアワークとソーシャルワークを一体化させておこなう**点が、保育者がおこなう子育て支援の特長です。

図表1　支援プロセスの比較

子育て支援のプロセス	ソーシャルワークのプロセス
①入所／受付 ②支援ニーズの明確化 　（通常の保育／地域子育て支援サービス）	①受理（インテーク）
③事前評価（情報収集と分析） ④支援計画の作成（見通し） ⑤支援の実施 ⑥経過観察 ⑦事後評価（ふり返り）	②事前評価（アセスメント） ③支援計画の作成（プランニング） ④支援計画の実施（インターベンション） ⑤経過観察（モニタリング） ⑥事後評価（エヴァリュエーション）
⑧アフターケア 　（通常の保育／地域子育て支援サービス） ⑨就学・就園	⑦終結（ターミネーション）

（筆者作成）

　前述のストーリーの場合、子育て支援のプロセスの（図表1の左側）①から⑥までに相当します。とくに、父親との会話部分は③にあたります。通常の保育のなかでつちかってきた信頼関係をもとに、父親との面談の機会を設けて事前評価のための情報収集がおこなわれました。次は、このようなコミュニケーションの際に必要な技術について解説します。

2 | 子育て支援に役立つコミュニケーション技法

　保護者への支援プロセスのなかには、相手との会話のなかで、情報収集したり相談・助言をおこなったりする場面がたびたびあります。たんなるおしゃべりではなく、有意義なやりとりにするためには、会話のなかで、さまざまなコミュニケーション上の配慮が必要となってきます（図表2）。

図表2　保護者との会話で用いられるコミュニケーション技法

コミュニケーション技法	保育者がおこなう内容
①個別化	集団の一員（例：すずらん組の保護者）として扱ったり、何かのカテゴリ（例：お父さん・お母さん）にあてはめるのではなく、かけがえのない一人の個人として向き合い、相手の状況にあわせて個別に対応する技法。
②波長合わせ	短い世間話（例：天気の話）などを挟むことで、相談内容に踏み込む前の心の準備をおこなうこと。保育者は、この短いやりとりのなかで、これから始まる面談に対する保護者側の意欲や、その日の体調、機嫌などを把握し、面談の進め方について微調整する。
③うなづき	肯定のメッセージとして、無言でジェスチャーで答えること。保護者の目を見ながらうなずくのが基本だが、かえってプレッシャーとなる場合は、ときどき、相手のネクタイや手元に視線を移すとよい。
④あいづち	「ええ」「はい」「そうですね」「なるほど」など、短い言葉であいの手を打つこと。保護者の話をテンポよくすすめていきたいときなどに有効である。
⑤くり返し	保護者が話したことに対して、保育者が非言語的なものも含め、そのままくり返すこと。保育者側の思いや考えを加えずに帰すことで、保護者が伝えたいと願っていることを受け止めているという姿勢を示すことができる。
⑥オープン・クエスチョン	「誰が」「何を」いつ」「どのように」などを明らかにしたいときの質問をさす。話の内容を拡げたいときに有効である。
⑦クローズド・クエスチョン	保護者が「はい」「いいえ」で答えられる質問をさす。話の内容を絞り込みたいときに有効である。
⑧感情の反射（明確化）	保護者が表現した感情に対し、保育者が言語に置き換えて伝える技法。保護者にとっては、漠然と抱いていた気持ちが整理され、明瞭に意識できるようになる。
⑨要　約	保護者が発したメッセージ（非言語も含む）のなかから、保育者が相談をすすめていく上で重要となる内容を短くまとめ、その内容を保護者へと伝える技法。保護者にとっては、自分の話を整理してもらったり、本当に伝えたかった事柄を保育者が受けとめ、十分に理解してもらっているかどうか確認できる。

（筆者作成）

　32ページ28〜32行目のように、保護者側が沈黙がちになり会話が途切れそうになった場合、保育者はどのように対応すればよいでしょうか。**沈黙の理由としては「次にいうべき言葉を考えている」「思いがあふれて言葉にならない」「混乱していいたいことが整理できない」**などがあげられます。場合によっては、「秘密にしておきたい」ときや、保育者に対して不快感をもち「これ以上、相談を続けたくない」ときもあります。いずれにせよ、**非言語メッセージの意味を読み取り、各技法を活用しつつ的確に対応する**ことが大事です。

> **演習課題❸**　ストーリーの会話で使われているコミュニケーション技法の名称を書こう。

> **演習課題❹**　上記のコミュニケーション技法を意識しながら、ストーリーをもとにロールプレイをおこない、気づきを書こう。

Lesson5 ｜ 子育て支援の基本的技術

Column ｜ バイスティックの７原則：保護者とじょうずにやりとりするためのコツは？

　保護者とうまくかかわるためには、まず保育者が保護者の思いをしっかりとくみとることから始めましょう。以下の図表では、バイスティックの7原則を、「保護者は保育者に対して、どのように接してほしいと願っているのか」という観点から、保護者の言葉に直してみました。保護者とやりとりするとき、これらを念頭に置きながら対応してみてください。

図表3　保護者の言葉に置き換えた「バイスティックの７原則」

バイスティックの７原則	保護者の気持ち
①個別化の原則	「○○組の保護者」や「お母さん」としてではなく「私」個人としてかかわってほしい。
②感情表出の原則	園や先生方に気兼ねせずに話せるようにしてほしい。
③統制された情緒的関与の原則	深刻な話をした場合でも、落ち着いて話を聴き、冷静に対応してほしい。
④受容的な態度の原則	どのような内容の話をした場合でも、最後まで聴き、思いを汲み取ってほしい。
⑤非審判的態度の原則	上から目線で批判したり否定されたりすると、話し続ける気力がなくなるので、やめてほしい。
⑥自己決定の原則	園の意向を押しつけるのではなく、自分で決めて実行に移せるようサポートしてほしい。
⑦秘密保持の原則	相談で話したことは、秘密にしておいてほしい。

（筆者作成）

＋ Lesson 5の まとめ

子育て支援とソーシャルワークの支援プロセスを比較し、ソーシャルワークと保育実践が一体化されたところに、保育者がおこなう子育て支援の専門性があることがわかりました。さらに、実際のやりとりの際に使うコミュニケーション技術について学びました。

＋ ○×問題

1. （　　）子育て支援とは、支援ニーズの明確化やアフターケアをていねいに実施できることが利点である。
2. （　　）子育て支援では、子どもへの保育と保護者への相談を別々に対応する。
3. （　　）相手を「1人の人間」として尊重する姿勢を「個人化」と呼ぶ。
4. （　　）「クローズド・クエスチョン」とは話を閉じるときに使う技法である。
5. （　　）「バイスティックの6原則」には、専門職が利用者とうまくかかわるための基本的姿勢が6つ示されている。

演習課題❺ Lesson 5で学んだことをもとに、気づきや感想を書こう。

＋ より深く 学びたい人へ

植田章『保護者とかかわるときのきほん―援助のポイントと保育者の専門性―』ちいさいなかま社、2014年

　保育者が、保護者との信頼関係をもとに、連携していくために必要な心構えから、コミュニケーション技法まで、わかりやすく説明されています。具体的な事例やその解説により、保育所における子育て支援の実際を知ることができます。

＋ 予習に おすすめの本

保育と虐待対応事例研究会編『続 子ども虐待と保育園―事例で学ぶ対応の基本―』ひとなる書房、2009年

　本書では豊富な事例をもとに、早期発見と早期対応、虐待で傷ついた子どもへの保育実践や家庭支援、関係機関との連携のあり方について検討しました。保育所がやるべきこと、保育所ができること・できないことについて、説得力のある知見が示されています。

　次のLesson 6では、虐待リスクの高い家庭に対する予防的支援について学びます。「社会的養護」などのテキストも読み直し、虐待の種類やその特徴を復習しておきましょう。

Lesson 6 園内・園外との連携と社会資源

Lesson6のねらい

◎ 園内での連携について理解を深める。
◎ 他職種や地域の人々との連携について理解を深める。
◎ 身近な地域において子育て支援で活用できる社会資源を把握する。

＋ストーリーを読むにあたって……

ストーリー⑥では、虐待（ネグレクト）傾向のある家庭に対する予防的支援の様子が描かれています。マスコミで報道されるような悲惨な事件までには至らなくても、虐待の兆候のある家庭は、どの園にも存在しています。そうした家庭に対し、どうすれば早期発見や早期対応ができるのか、ストーリーを読みながら考えていきましょう。

［登場人物プロフィール］

レイちゃん
4歳児クラスゆり組の子。年度の途中で隣の県から転園してきた。暗い表情で緊張していることが多い。

レイちゃんのお母さん
お父さんの暴力が原因で離婚した。近所に親戚や知人はいない。ヘルパー資格を生かして再就職したが、生活はまだ安定していない様子。

レイちゃんのお父さん
お酒を飲むと判断力が低下する。園にも急にあらわれてレイちゃんを連れ去る危険があるといわれている。

じゅん先生
4歳児クラスゆり組担任。入職5年目。なかよし保育園初の男性保育士。就職したばかりのころは、本人も周囲も男性であることを意識していたが、このごろあまり気にならなくなってきた。

＋ストーリー⑥ 虐待傾向のある母子家庭

　レイちゃんは、3か月前に隣の県から引っ越してきた母子家庭の子ども。ばら組の隣にある4歳児クラスゆり組に年度なかばに転入した。痩せていて、表情が暗く、クラス担任のじゅん先生（男性）が少しでも強い口調で話したり、他児を叱ったりすると、そばにいて声が聞こえただけにもかかわらず、おびえた表情になる。

　お母さんと面談して、家庭状況や成育歴を詳しく聞いたところ、レイちゃんが1歳になったころから父親がお酒を飲んで暴れるようになり、DVから

写真① 保育室に隣接した調理室と栄養士（離乳食やアレルギー対応だけでなく食育でも重要な役割を担う）

レイちゃんを守るために離婚して、引っ越してきたとのこと。転居後、ヘルパーの資格を生かし、介護職として再就職したが、気軽に頼ることができる親族や友人は近所にいない。入園時面接でも、父親が急にあらわれて、子どもを連れ去ろうとしたり、暴力をふるってくることがあるかもしれないと不安そうに話していた（この話を受けて、園全体で緊急時を含めた子どもの引き渡し方法の確認がおこなわれた。また、引き渡し名簿の再確認もおこなわれた）。

　レイちゃんは、休み明けの日の給食では、何度もおかわりを要求したり、ガツガツと食べることがある。お母さんが「ときどき、何もする気が起こらなくなる」というように、週末は家で3度の食事をつくってもらえないことが多いことがうかがえる。また、ときどき前の日と同じ汚れた服のまま登園してきたり、嘱託医による健診でも、虫歯が多かったことから衛生管理も十分にできていないようだ。ケースカンファレンスをおこない、ネグレクト傾向のある家庭として支援することにした。

　対応策としては、じゅん先生がお母さんとていねいにやりとりするだけでなく、園全体で、レイちゃん親子の生活全般の改善をめざして連携することになった。毎朝、看護師のさつき先生が視診をていねいにおこなって体調のチェックをして、さらに、お母さんには歯磨きの仕方の指導をおこなった。栄養士のまい先生が、簡単に調理できる野菜中心の給食メニューをレシピカードを添えて紹介した（●写真①）。クラス担任のじゅん先生だけでなく、園全体の職員がレイちゃん親子に積極的に声をかけることで、2人とも少しずつ明るい表情をみせてくれるようになった。

　転入して3か月くらいたったころ、お母さんからじゅん先生に「平日は保育園があるから安心していられるけど、週末になると、とても不安です。急に父親があらわれるかもしれないし……」という訴えがあった。そこでじゅん先生は、土曜日保育を勧めることを考え、園長先生に相談した。すると「お母さんには、地域デビューをしていただいたらどうかしら」というアドバイスをもらった。

　園では、ちょうど4月に、園の併設されていた地域子育て支援センター「ひだまり」を地域子育て支援拠点事業として再編成したところだった。さっそく母親に「ひだまり」を勧めた。翌週、「ひだまり」の感想をきいたところ、「親子カフェでお茶したり、子どもを遊ばせながら、ママたちとしゃべったりして過ごしました。こっちに引っ越してきて、ずっとひとりぼっちだったけど、お友達ができそうです」と、ウキウキした表情で話してくれた。

Lesson6 ｜ 園内・園外との連携と社会資源

重要 **成育歴**：妊娠・出生から現在に至るまでの状況を時系列で示すこと。

補足 **DV（ドメスティック・バイオレンス）**：親密な関係にあるパートナーによる暴力のこと。この暴力には、１．身体的、２．精神的、３．性的、４．経済的など、さまざまな要素が含まれる。DVのカップルの間に子どもがいる場合には、マイナスの影響が生じることが多い。

重要 **入園時面接**：入園の可否を決める選抜のための面接と、入園（転園）する子どもとその家族の状況について情報収集するためにおこなう面接の２種類があるが、ここでは後者を指す。

重要 **引き渡し名簿**：保護者による子どもの引きとりが円滑におこなわれることを目的として作成された名簿。災害などの緊急事態や、その訓練の際に用いられることが多い。

補足 **ネグレクト**：養育放棄とも呼ばれる。子供に対する不適切な保護や養育のこと。衣食住を十分に世話しない場合や、精神的・医療的なケアを十分におこなわない場合などがあげられる。

補足 **視診**：機嫌・顔色・皮膚の状態・動作など、目で観察して、健康状態を把握すること。

重要 **地域子育て支援拠点**（●93ページ）

演習課題❶ ストーリーを読んで感じたことを、自由に書こう。

演習課題❷ 以下の問題に答えながらストーリーを読みこもう。

問題1 ｜ レイちゃんやお母さんのどのような姿から、ネグレクトの兆候があると判断されたのか、書き出そう。

問題2 ｜ 土曜日保育ではなく、地域子育て支援拠点「ひだまり」を勧めた理由を考えて書こう。

　　　　| ヒント | 地域子育て支援拠点だからこそできる支援は何か、考えてみよう。

（＋ **ストーリーの社会的背景**）
　　　児童相談所における虐待相談対応件数は、社会における虐待問題への関心の高まりとともに増加し、2016（平成28）年度には約12万件（122.578件）で過去最多を更新し続けています（厚生労働省　2017）。虐待の有無の判断は、保護者の愛情によって左右されるものではなく、子どもの状況から判断されます。**母子家庭は、約半数が相対的貧困状態**にあり、ストレスにさらされやすい状況にあることから、虐待のリスクは高いと言えます。

　ストーリー⑥（19〜22行）のように、家庭状況の不安定さから虐待の兆候が見られるときは、保護者に「親」としての心構えを説くよりも、生活支援をするほうが解決につながることが多いようです。

（＋ **ストーリーを深く理解するために……**）
　　　児童虐待（●53ページのリスト参照）では、ストーリー⑥（19〜22行）のような**ネグレクト**によるもののほか、「しつけ」と称して身体的虐待にいたるものが、あとをたちません。2016（平成28）年の児童虐待防止法や児童福祉法の改正により、虐待としつけの区別が厳密になり、**予防的支援**（12ページ参照）がさらに重視されるようになりました。

　保育所は、虐待やその兆候を見いだす**早期発見**の役割が強く求められていますが、ただ発見するだけでなく、適切に**早期対応**していく役割も期待されています。担任保育者や園だけで抱え込むのではなく、**さまざまな人や機関と連携してとり組んでいく**必要があります。

41

保育所保育指針　第4章　子育て支援　1　保育所における子育て支援に関する基本的事項　（2）
子育て支援に関して留意すべき事項
ア　保護者に対する子育て支援における地域の関係機関等との連携及び協働を図り、保育所全体の
体制構築に努めること。

1 ｜ 園内の職員間の連携

かつては、クラス担任が、クラスの子どもたちの「親」のように見なされることが多く、子どもやその保護者への対応を一身に引き受ける傾向がありました。しかし、現在では、**園の職員や他機関と連携し、チームとして保育をおこなうこと**が主流となっています。

（1）保育者間の連携

保育所や認定こども園は開所時間が長いため、早朝や夕方などの延長保育の時間帯は当番制をとります。当番になった保育者とクラス担任との間では、口頭でのやりとりやミーティングノートなどの手段を活用して、毎回、引継ぎや情報交換がおこなわれています。引き渡し名簿や登降園チェック表などを活用することで、途中で対応する保育者が入れ替わっても、保護者との受け渡しが間違いのなく確実におこなわれるよう配慮されています（ストーリー⑥40ページ17〜18行）。

また、ストーリー③のように、発達障害の症状について保護者と話し合ったほうがよい場合など、クラス担任と保護者のみで面談するよりも、主任や園長など、保護者にとって少し距離のある立場の人間が同席したほうが、冷静な話し合いができるでしょう。

ただ、複数の保育者で対応する場合、**それぞれが自分の立場や保護者との関係性をしっかりと意識しながら連携しなければなりません**。立ち位置や役割分担を明確にしておかないと、責任の所在があいまいになる恐れがあるからです。

図表1　おもな他職種との連携内容

職　名	資　格	おもな連携内容
①嘱託医	業務独占資格	・発育、発達状態の評価、定期および臨時の健康診断 ・疾病などの医学的処置および医学的指導 ・感染症および学校伝染病発生時における指導指示 ・予防接種に関する保護者および保育士などに対する指導 ・衛生器材および医薬品などとその使用に関する指導
②看護師	業務独占資格	・子どもや職員の健康管理および保健計画などの策定 ・保護者からの子どもの健康状態に関する情報の対応 ・子どもの健康状態の評価判定および健康教育
③栄養士	名称独占資格	・食育の計画、実践、評価 ・授乳、離乳食を含めた食事・間食の提供と栄養管理 ・子どもの栄養状態、食生活の状況の観察および保護者からの栄養、食生活に関する相談、助言
④調理員	任用資格	・食事の調理と提供 ・食育の実践

※上記のほかに事務員や用務員を置く園もある。

Lesson6 │ 園内・園外との連携と社会資源

（2）他職種との連携

　保育所や認定こども園には、図表1のように、保育者のほかにもさまざまな専門職が勤務しています。保護者にとっては通っている園に医療や栄養に関する専門職がいることで、**気になる事柄について、わざわざ別の機関まで出向かなくても身近な場で、気軽に相談したり、目の前で実際にやってもらいながら学んでいったりすることが**できるメリットがあります。

　ストーリー⑥（40ページ19～29行）のように、専門的な対応が必要な場合も、問題が起こったときの介入だけではなく、問題解決後も再発しないように、注意深く見守ったり、早めに対応したりすることができます。専門的な機関にまで出向く余裕のない保護者にとっては、普段、通っている園で**予防的支援**を受けることは、とても大事なことです。

2 ┃ さまざまな子育て支援者との連携

　地域型保育事業の創設により、認可保育所や幼保連携型認定こども園は、**連携保育所**として位置づけられ、さまざまな子育て支援者と連携する機会が増えています。国家資格ではないために、専門性があいまいな部分もありますが、**それぞれの強みと限界を見きわめながら、こまめに情報交換をおこなうこと**が大事です。

図表2　おもな子育て支援者との連携内容

職　名	資　格	おもな連携内容
①家庭的保育者	自治体による講習の受講	・家庭的保育事業、小規模保育事業、居宅訪問型保育事業など ・一時預かり事業の実施 ・連携保育所と提携する場合もある
②子育て支援員	自治体による講習の受講	・家庭的保育事業、小規模保育事業、居宅訪問型保育事業など ・一時預かり事業の実施 ・地域子育て支援拠点事業
③児童委員（民生委員） 主任児童委員	厚生労働大臣による委嘱	・子育て世帯の見守りや安否確認 ・子育て相談に応じる ・必要に応じて専門機関につなぐ
④ファミリーサポート 提供会員	市区町村における登録	・依頼会員の子どもの預かり ・依頼会員の子どもの園までの送迎
⑤保育ボランティア	園における登録	・中高生のふれあい体験授業（家庭科）や職業体験（キャリア教育） ・大学生や中高年のボランティア ・子育てサークル

3 ┃ さまざまな地域子育て支援事業との連携

　近年、地域子育て支援サービスの内容は豊富になり、図表3のようにさまざまな場所でおこなわれています。ただ、子育て中の保護者のなかは、地域に利用可能なサービスがあることに気づいていない人や（◯ストーリー⑤32～33ページ、ストーリー⑥40ページ）、サービスの存在は知っていても利用できない

43

人（●ストーリー⑫90〜91ページ）もいます。そのような場合には、支援者のほうから出向く、**アウトリーチ**が有効です。その実施場所として、地域の同年齢の子どもの家族が一斉に集まる乳幼児健康診査がおこなわれる保健センターがしばしば活用されます（●ストーリー⑫90ページ21〜36行）。

図表3　保育所・認定こども園と連携することの多い地域子育て支援事業

事業名	おもな実施場所	おもな事業内容
①乳幼児健康診査	保健センター	乳児健診、1歳6か月児健診、3歳児健診などの実施
②地域子育て支援拠点事業	拠点開設場所	4つの基本事業、一時預かり
③養育支援訪問事業	養育支援がとくに必要な家庭	虐待のリスクの家庭に対する、養育能力を向上させるための支援
④子育て短期支援事業	児童養護施設	トワイライトステイ、ショートステイ
⑤ファミリー・サポート・センター事業	ファミリー・サポート・センター	依頼会員と提供会員との連絡・調整の実施
⑥一時預かり事業	地域子育て支援拠点	保育所・認定こども園などに通っていない子どもの一時的な預かり
⑦病児・病後児保育事業	医療機関	病児、あるいは病気回復期にある子どもの預かり

4 子育て支援ネットワークの活用

　多くの保護者にとっては、専門機関は敷居が高く感じられるものです。このため、安定的な利用に至らないことがよく報告されます。**顔の見える連携**といわれるように、保護者に他機関を紹介する際、そこの職員たちと面識があり、サービス内容についてきちんと理解した上で説明すれば、保護者も足を運んでみようという気持ちになれるでしょう。

　そのためにも、普段から、地域全体の子育て支援の動向を把握しておく必要があります。どのようなサービスを、どのような時に利用できるか、その地域で利用可能な**社会資源リスト**や**社会資源マップ**を作成しておくとよいでしょう。また、保護者自身が相談にくるのを待つのではなく、場合によっては、こちらから出向いて支援をおこなう**アウトリーチ**が必要です（●ストーリー⑫90ページ21〜36行）。

　園としても、地域における子育て支援ネットワークの一員として、他機関との連携を積極的におこなうことが求められています。現在、多くの自治体で、虐待対応などをおこなうネットワークとして**要保護児童対策地域協議会**、障がいに関するネットワークとして「障害者自立支援協議会（子ども部会）」が活用されています。

演習課題❸ 就職予定地域の子育て支援に関する社会資源リストをつくろう。

例：○○市（○○区）における社会資源リスト（20XX年XX月）

名称	住所もしくは最寄り駅	電話番号	おもなサービス内容

5 │ 保育者がおこなう子育て支援の限界

　保育者だけでは対応しきれない、他機関との連携が必須のケースとしては、①病気・障害など**医療対応が必要な問題**、②虐待、DV、アルコール中毒など**アディクション**や**精神疾患**、③**金銭上の問題**、④夫婦、嫁姑など**大人同士の人間関係の問題**などがあげられます。

　このような場合、抱え込みは厳禁で、他機関の情報提供・紹介・連携・フォローのタイミングを適切に判断して、連携していかなければなりません。ほかの専門職や他機関に丸投げすることのないよう、密に連絡をとりあうことが大事です。

　自らの限界を自覚しながら、他機関と連携していくことは、子どもや保護者のためだけではなく、**保育者だけで抱え込んでバーンアウトする**のを予防することにもつながります。

✚ Lesson 6の まとめ

　虐待の通告数の増加などをうけ、園には、問題の早期発見・早期対応や、さまざまな社会資源と連携した対応が強く期待されるようになりました。園外の社会資源との連携は、保育者が一人で遂行できる業務ではないため、敷居が高く感じられる人が多いと思います。まずは、地域にどのような社会資源があり、どのようなサービスがおこなわれているのか、把握することから始めてみましょう。

✚ ○×問題

1.（　　）子育て支援では、保育者が保護者の代わりに社会資源を活用できるようになることをめざす。

2.（　　）保護者が専門機関まで出向くことをアウトリーチという。

3.（　　）虐待が疑われるケースにおいては、早期発見だけでなく予防的対応も重要である。

4.（　　）クラスの保護者の対応は、クラス担任である保育者たちだけで対処していかねばならない。

5.（　　）地域子育て支援拠点では、固定メンバーで編成されたクラス活動（保育実践）もおこなわれている。

演習課題❹　Lesson 6を学んだことをもとに、気づきや感想を書こう。

✚ より深く 学びたい人へ

ちいさいなかま編集部『いい保育をつくるおとな同士の関係―保育者・保護者、保育者同士・保護者同士が理解しあうために―』ちいさいなかま社、2010年

　保育実践とは1人でやり遂げるものではなく、人間関係のなかでつくりあげていくものです。保育の現場で大人同士が連帯するためにはどうすればよいのか、第一線で活躍している保育者と研究者による論考が集められています。

✚ 予習に おすすめの本

野沢慎二・茨木尚子・早野俊明・SAJ編著『Q＆Aステップファミリーの基礎知識　―子連れ再婚家庭と支援者のために―』明石書店、2006年

　日本ではじめてステップファミリーについて書かれた本です。基礎知識を学ぶだけでなく、保護者支援において保育者が配慮すべき事柄にもふれたページもあります。当事者（家族や友人）、支援者（専門職や実務家）、研究者、この3者のいずれの立場であっても、読みごたえがあり、参考となるでしょう。

　次のLesson 7では、これまでの日本では見かけることの少なかったタイプの家族が登場します。さまざまな家族の形態や家族問題など、「子ども家庭支援論」で学んだことをふり返っておきましょう。

Lesson 7 記録・評価・研修

Lesson 7 のねらい

◎ 記録作成時における文章のさまざまな書き方やその使い分けについて理解する。
◎ 記録作成時に図やチェックリストを活用する方法を習得する。
◎ さまざまな評価や研修の方法があることを知る。

＋ ストーリーを読むにあたって……

　子育て支援にあたっては、子どもと母親だけでなく、その家族全体について理解する必要があります。ただ、ひと口に「家族」といっても、その規模やメンバー構成はさまざまです。人数や血縁関係だけでなく、子どもの養育において誰が中心となっているのか、どのような人間関係が結ばれているのか、利用可能な社会資源は何かなど、さまざまな情報を把握していきます。
　あるステップ・ファミリーを題材として、さまざまな文体を駆使して構成されたストーリー⑦をとおして、記録方法についても学びましょう。

ステップ・ファミリーとは

　血縁関係のない親子関係が含まれている家族。一般的には、ひと組の夫婦が離別や死別後、子連れで別の人と再婚した結果、形成される。離婚・再婚の多いアメリカなどで使われてきた言葉であるが、近年、日本でも増加しつつある。

[登場人物プロフィール]

　Lesson⑦では、家族構成について、演習課題として取り組むため、プロフィールは掲載していません。

＋ストーリー⑦ ステップ・ファミリー

Aさん（42歳）はシングルマザーで、中学生のBちゃん（13歳）、小学生のCくん（10歳）と保育園児のDくん（4歳）とともに、実家で暮らし、会社づとめをしている。Aさんの仕事は忙しく、残業・出張・休日勤務もこなしている。Aさんの実家には、定年退職した父Eさん（69歳）と母Fさん（64歳）がおり、父Eさんが保育園などの送迎、母Fさんが家事全般を担っている。Aさんには独立して一人暮らしをしている弟Gさん（35歳）もおり、ときどき実家に顔を出し、力仕事をしてくれる。夫Hさん（享年40歳）は、Dくんが1歳のときに、交通事故で亡くなった。AさんとHさんは再婚同士で、AさんはCくん、HさんはBちゃんを連れての再婚だった。Bちゃんの母親Iさんは、Bちゃんに対してネグレクト傾向があったため、Bちゃんが1歳になる前に離婚した。Iさんが再婚したこともあって、IさんとBちゃんとの交流はこれまでほとんどない。Cくんの父親Jさんは1か月に1回、面会にくるが、家事や育児の協力を頼むことまでは難しい【＝①　　　　】。

今年の6月より、Eさんの持病のリウマチが悪化し、保育園の送迎できないことがときどきあった。Fさんが替わりに送迎したが負担が大きく、食事準備などの家事にまで手が回らなくなってしまった。そこで、9月から、週3回ファミリー・サポートを利用して、保育園の迎えに行ってもらい、残りの日は、Aさんが送迎している。月末など、急に残業が入ったときは、Dくんのクラスメイトで近所に住んでいるKくんのお母さんにお願いしたこともあった【＝②　　　　】。

「残業が必要かどうかは急に決まることが多くて予想することができないので、ファミリーサポートでは、よくしてもらっているのですが、急な残業のときは利用しにくいんです。Kくんのお母さんは、送迎の謝礼は受け取ってくださらないので、好意にすがってばかりいるのが心苦しくなってきて……。あと、Dにはアレルギーがあり、近所の小児科のL先生にいつも診てもらって朝と夜にお薬ものんでいるんですけど、先月、保健センターで3歳児健診をうけたところ、しっかり調べたほうがいいっていわれてしまって。Dの父方の祖父Mは糖尿病で死んだって聞いているし、亡くなったDの父親も血糖値が高かったので、もしかしたら……って思うと不安です。でも、本当に忙しくて、体がいくつあっても足りない感じで、本当に何から手をつけていいのかわからないんです。」【＝③　　　　】

以上より、Dくんの健康状態を把握した上で、保育園の送迎だけでなく、家事支援も視野に入れた支援が必要と思われる。当面の支援方針としては、まず、Dくんの3歳児検診の結果を把握するために、保育園の看護師と保健センターの担当N保健師との間で情報共有をおこなっていく。さらに、送迎だけでなく、家事支援サービスも提供できる機関（例：シルバー人材センター）があるかどうか検討したい【＝④　　　　】

重要 ファミリー・サポート：●44ページ、ストーリー⑤33ページ66〜69行

重要 3歳児健診（3歳児健康診査）：人間としてのさまざまな機能の基礎をひととおり獲得する3歳（〜4歳未満）児を対象に、市区町村で実施される。身体面の発達に加え、運動機能、認知機能、社会性、日常的生活習慣など、幅広くおこなわれる。

補足 家事支援サービス：利用者宅を訪問し、利用者宅における家事に関する業務（掃除、洗濯、炊事など）の全部または一部を利用者に代わっておこなうサービス。

演習課題❶ ストーリーを読んで感じたことを、自由に書こう。

48

Lesson7 ｜ 記録・評価・研修

**＋ ストーリーの
社会的背景**

　高度成長期が終わってしばらくの間、家族の形態は、初婚のカップルと
その間に生まれた子どもで構成される核家族が主流でした。しかし、近年
では家族の形態も多様化しています。ストーリーでとりあげたステップ・
ファミリーも、その1つといえるでしょう。童話などに登場する「継母」
のイメージは、現代でも受け継がれており、世間の偏見に肩身の狭い思いをして、支援を求める声をあ
げにくくなっているステップ・ファミリーの人も大勢いるようです。

**＋ ストーリーを深く
理解するために……**

　ストーリー⑦は、**要保護児童対策地域協議会**に向けた記録のひと
つとして作成されました（下記、保育所保育指針参照）。育児不安を
訴えるAさんを中心に、その家族状況と社会資源に関するさまざま
な情報が盛り込まれています。ストーリー⑦の文章にはじめて目を
通した際、さまざまな登場人物や関係機関について、すばやく把握できたでしょうか？

　記録には、いくつかの文体のほかにも、**図**や**リスト**など、さまざまな種類があります。これらを使い
分けることで、業務報告や他機関と連携するための資料が比較的短時間で作成できるほか、後日、自己
評価として日々の実践をふり返ったり、ケースカンファレンスなどの研修をおこなったりするときに非
常に役立ちます。

保育所保育指針　第4章　子育て支援　2　保育所を利用している保護者に対する子育て支援
（3）不適切な養育等が疑われる家庭への支援
ア　保護者に育児不安等が見られる場合には、保護者の希望に応じて個別の支援を行うよう努める
こと。
イ　保護者に不適切な養育等が疑われる場合には、市町村や関係機関と連携し、**要保護児童対策地
域協議会**で検討するなど適切な対応を図ること。また、虐待が疑われる場合には、速やかに市町村
又は児童相談所に通告し、適切な対応を図ること。

---

1 | 記録で用いられるさまざまな文体

　文体とは、文章の様式をさします。社会福祉における記録では、以下の4種類の文体がよく使われま
す。これらの書き方に慣れることで、支援に必要な情報を簡潔かつ手際よくまとめることができるよう
になります。

図表1　文体とその内容

文　体	内　容
叙述体	出来事を時間の経過に沿って並べるように、記述した文体。
要約体	支援目的に沿って出来事を整理し、そのなかの重要ポイントのみをまとめた文体。
逐語体	発言内容をできるだけ忠実に再現した文体です。録音データを逐語起こししたものがもっとも正確だが、録音ができないときには、内容だけでなく、言いまわしや雰囲気まで読み手に伝わるように書く。
説明体	ある事実をもとに、記述者自身の解釈や分析を加えて説明する文体。どのように支援する（した）のか、その意図や根拠を説明するために用いられる。

49

演習課題❷ ストーリー⑦では、段落ごとに文体を変えてあります。各パラグラフの最後にあてはまる文体の名称を書き入れましょう。

2 | アセスメントで用いられる記録方法

ストーリー⑦を読んで、Aさんの家族関係や利用可能な社会資源について、すぐに把握することができたでしょうか？　次ページで示すように、**文章では読み取りにくい情報でも、表や図でまとめてみるとわかりやすくなります**。なお、具体的な表記方法は、機関や団体によっては、あらかじめ統一ルールが定められていることもありますので、適宜、確認してください。

図表2　記録方法とその内容

記録方法	内　容
フェイスシート	家族の状況など、支援計画の立案の前提となる基本的情報を把握するために作成される。書ききれなかった情報は、必要に応じて、備考欄に書き加える。
ジェノグラム	相談にきた人を中心とする親族関係（3世代以上）を示した図。家族関係の移り変わりや世代間連鎖を把握する際に有効である。
エコマップ	相談にきた人を中心に、社会生活に必要な機関や人間関係を図示したもの。利用可能な社会資源を把握するのに役に立つ。

3 | 早期発見・早期対応のために活用される記録

（1）チェックリスト

子どもや家庭の状態の客観的把握や、**予防的支援**（→12〜13ページ参照）をおこなうのに役立ちます。すべての項目を記入する必要はなく、把握できた部分のみチェックを入れましょう。

（2）アセスメント・シート

アセスメント・シートを使うことで、どの社会資源と連携すればよいのか、支援の見通しをもつことができます。できないこと探しだすのではなく、**どのような社会資源を使えば、家族のもっている力を引き出せるのか**、という視点からとらえていきましょう。

50

図表3　ジェノグラムとエコマップの表記の例

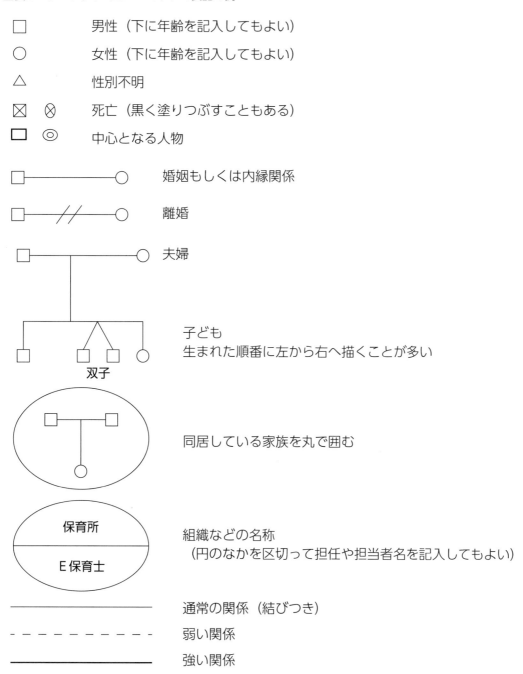

図表4　対人関係パターンの表記の例

| 演習課題❸ | 自分自身のエコマップとジェノグラムを書こう。 |

図表5　フェイスシートの例（ストーリー⑦より作成）　　　　20XX年XX月XX日（記入者：山川みどり）

| 氏　名 | **斉藤Ａ子** | 生年月日 | 19XX年XX月XX日 | | |
| | | 年　齢 | 42歳 | 性　別 | 女性 |

| 自宅住所 | さくら区緑ガ丘1-2-30 | 携　帯
電　話 | 090-XXXX-XXXX |
| 勤務先
勤務先住所 | 中央区新町3-2-10 | 電　話 | 03-9999-XXXX |

家族構成	E（実父）	無職。リウマチで通院中
	F（実母）	無職
	A（本人）	㈱さくら商事
	B（第一子）	緑が丘中学校2年生
	C（第二子）	緑が丘第二小学校4年生
	D（第三子）	なかよし保育園年中組

備考

J（元夫）とC児は月1回面会。
G（実弟）は隣市在住。

保健センターにD児の健診結果を問い合わせ中。

シルバー人材センターに家事支援サービスを打診中。

（ジェノグラム・エコマップ図）

F 64歳　E 69歳 リウマチ　? M 糖尿病
シルバー人材センター（家事支援サービス）
G 会社員35歳
J 会社員　A 会社員42歳　H　I ネグレクト傾向
C 10歳 小学生　D 4歳　B 13歳 中学生
小児科 L医師
ファミリーサポート
保育所
クラスメイト Kくんの母
保健センター N保健師

○○地区保健センター	03-9999-XXXX（担当：N保健師）
△△小児科	03-9999-XXXX（主治医：M医師）
ファミリーサポートセンター	03-9999-XXXX
シルバー人材センター	03-9999-XXXX

Lesson7 ｜ 記録・評価・研修

図表6　チェックリスト

児童虐待の早期発見と適切な対応のためのチェックリスト

| | 組　氏名 | | 担任氏名 | |

1　子どもの様子で、虐待と思われる「変化」をとらえる

（1）登校（園）時の出席調べや健康観察などの場面で

チェック	子どもの様子	月日	気付いた人	備考
	傷跡やあざ、やけどの跡などが見られる。	／		
	過度に緊張し、保育者と視線が合わせられない。	／		
	季節にそぐわない服装をしている。	／		
	きょうだいで服装や持ち物などに差が見られる。	／		
	連絡もなく欠席する。担任等が家庭を訪問しても、保護者は不在であったり、子どもはまだ寝ていたり、あるいは食事を与えられていなかったりする。	／		

（2）授業中や給食時などの生活場面で

チェック	子どもの様子	月日	気付いた人	備考
	保育者の顔色をうかがったり、接触を避けようとしたりする。	／		
	最近、急に気力がなくなるなどの様子が見られる。	／		
	他人とうまくかかわれず、ささいなことでもすぐカッとなるなど乱暴な言動が見られる。	／		
	握手など身体的接触に対して過度に反応する。	／		
	他の人を執拗に責める。	／		
	動植物等の命あるものをいじめたり、生命を奪ったりする。	／		
	虚言が多かったり、自暴自棄な言動があったりする。	／		
	用事がなくても教師のそばに近づいてこようとする。	／		
	集団から離れていることが多い。	／		
	食べ物への執着が強く、過度に食べる。	／		
	極端な食欲不振が見られる。	／		
	なにかと理由をつけてなかなか家に帰りたがらない。	／		
	必要以上に丁寧な言葉遣いやあいさつをする。	／		
	必要以上に人に気に入られるように振舞ったり、笑わせたりしようとする。	／		
	日常の会話や絵等の中に、家での生活の様子が出てこない。	／		

（3）健康診断の場面で

チェック	子どもの様子	月日	気付いた人	備考
	衣服を脱ぐことに過剰な不安を見せる。	／		
	発育や発達の遅れ（やせ、低身長、歩行や言葉の遅れ等）、虫歯等要治療の疾病等を放置している。	／		
	説明がつかないけが、やけど、出血斑（痕跡を含む）が見られる。	／		
	からだや衣服の不潔感、汚れ、におい、垢の付着、爪が伸びている等がある。	／		

（4）保護者とのかかわりの中で

チェック	子どもの様子	月日	気付いた人	備考
	子どもとのかかわり方に不自然なところが見られる。	／		
	発達にそぐわない厳しいしつけや行動制限をしている。	／		
	保護者が同席していると、必要以上に気を遣い緊張しているが、保護者が離れると、安心して表情が明るくなる。	／		
	子どもが夜遅くまで外で遊んでいたり徘徊したりしているのを黙認している。	／		
	長期にわたって欠席が続き、訪問しても子どもに会わせようとしない。	／		
	家庭訪問や担任との面談を拒否する。	／		
	連絡帳への返事がなく、園からの電話には出ない。	／		
	子どもの健康状態に関心が低く、受診や入院の勧めを拒否する。	／		
	子どもの外傷などに対する説明に不自然なところがある。	／		
	欠席の理由や状況の説明に不自然なところがある。	／		
	子どもの発育等に無関心であったり、育児について拒否的な発言があったりする。	／		
	子どものしつけに関する言動が常に変わる。	／		
	園生活や行事等の準備に無関心である。	／		
	諸経費を滞納する。	／		
	保護者会や行事等への出席を拒否する。	／		
	保護者会等で自分自身や他の保護者に対して否定的な態度をとることがある。	／		
	他の保護者とかかわることを極端に嫌う。	／		

（出典）東京都教育委員会「児童虐待の早期発見と適切な対応のためのチェックリスト」より一部の語句を改変

7

図表7　アセスメント・シート

該当する項目はチェック☑をする

		a：問題はない　　　b：やや気になる　　　c：問題がある	a	b	c	支援内容

1　子どもの状況

① 健康・発育
- □ 特定の疾病がある（　　　　　　　　　　　）　⇨ 嘱託医・保健センター
- □ 低身長、やせているなどの発育障害・栄養障害がある　⇨ 市町村・児童相談所
- □ 不自然な傷・皮下出血・骨折・火傷
- □ その他（　　　　　　　　）

② 発　達　⇨ 保健センター（発達相談）
- □ 指示の理解が十分でない
- □ 言葉が遅れている
- □ 発達に遅れが見られる
- □ こだわりが強い
- □ その他（　　　　　　　　　　）

③ 情緒・社会性　⇨ 保健センター（発達相談）
- □ 衝動的（順番を待てない）
- □ 多動（極端に落ち着きがない）
- □ 注意不足（集中できない）
- □ 激しい癇癪
- □ 友達とのトラブルが多い
- □ 子ども同士の関係の不安定（力関係で極端に態度を変える）　⇨ 市町村（児童家庭相談）
- □ 情緒不安定（脅え・暗い表情等）
- □ 保育士との関係が不安定（極端な困らせた行動等）
- □ 乱暴・攻撃的な行動
- □ その他（　　　　　　　　　　）

2　家庭での養育状況

④ 生活リズム（食事・睡眠）　⇨ 社会資源（児童委員等）
- □ 寝るのが遅い（日常的に11時過ぎ）
- □ 起きるのが遅い（日常的に8時過ぎ）
- □ 日常的に朝食を食べてこない
- □ 夕食の食事内容に極端な問題がある
- □ その他（　　　　　　　　）

⑤ 親子関係　⇨ 市町村（児童家庭相談）　保健センター（保健師）
- □ 子どもの発達にそぐわない期待や対応
- □ しつけが厳しすぎる・叱ることが多い
- □ 子どもの甘えや気持ちをくみ取れない
- □ 親中心の生活
- □ 子どもの話をあまりしない・子どもの心身について説明しない
- □ 子どもに対する拒否的態度　⇨ 市町村（児童家庭相談）
- □ 子どもが親に怯えている
- □ その他（　　　　　　　　　）

⑥ ネグレクト（衛生・保健・事故防止・監護）　⇨ 市町村（児童家庭相談）
- □ 不潔な身体・衣服（洗濯・入浴・着替）
- □ 歯磨きをしていない
- □ 虫歯が多い・急な虫歯の増加　⇨ 保健センター（保健師）　市町村（児童家庭相談）
- □ 乳幼児健診・予防接種・医療を受けていない
- □ 監護不十分（事故が多い・子どもだけで外へ出ている等）
- □ その他（　　　　　　　　）

⑦ 登園状況
- □ 日常的に朝の登園時刻が遅い
- □ 理由のない不規則な登所・降所時刻　等
- □ 理由のない欠席が続く　⇨ 市町村（児童家庭相談）
- □ その他（　　　　　　　　）

3　家庭と生活の状況

⑧ 親の心身の状況　⇨ 市町村（児童家庭相談）　保健センター（保健師）
- □ 身体的疾病がある
- □ 不安定・過敏である
- □ 攻撃的である
- □ 精神疾患がある
- □ その他（　　　　　　　　）

⑨ 家族関係　⇨ 市町村（母子自立支援員）
- □ 母子家庭
- □ 父子家庭
- □ 家族関係が不安定である
- □ 家族内の暴力がある（DV）　⇨ 女性相談センター
- □ 虐待がある　⇨ 市町村（児童家庭相談）
- □ その他（　　　　　　　　）

⑩ 社会関係　⇨ 市町村（所管課）
- □ 周囲に子育てをサポートする人がなく、孤立している
- □ 親と職員との関係がよくない
- □ 園への要求や苦情が多い
- □ 他の保護者との関係にトラブルがある
- □ 職場・地域での関係にトラブルがある
- □ その他（　　　　　　　　）　⇨ 市町村

⑪ 就労状況
- □ 理由のない遅刻・欠勤等が多い
- □ 理由のない転職が多い
- □ 理由のない不就労
- □ その他（　　　　　　　　）　⇨ 市町村

⑫ 経済状況
- □ 家計管理の問題がある
- □ 低所得・経済的不安定である
- □ 借金がある
- □ その他（　　　　　　　　）

その他

> 色文字の項目に該当するときは市町村・児童相談所に相談（または通告）
> →は園内の支援
> ⇨は連携先を示す

（出典）金子恵美『保育所における家庭支援　―新保育所保育指針の理論と実践―』全国社会福祉協議会、2010年

4 │ 評価

　評価のプロセスでは、**PDCAサイクル**が基本です。Ⓟ支援計画の作成（Plan）→Ⓓ支援の実施（Do）→Ⓒ実施状況のふり返り（Check）→Ⓐふり返りにもとづく改善（Action）の循環によって成り立っています。この循環をくり返すことにより、保育実践のあり方に対する理念が細部に至るまで共有され、質の向上が可能となります。

　評価の種類も、さまざまなものがあり、これらを総合的に参照しながら、保育の質の向上を目指していきます。具体的には、図表8に示すとおり、園内の職員による**自己評価**と、保護者による**利用者評価**と、外部の中立的な評価機関による**第三者評価**があります。

　社会福祉法第78条の規定により、保育所では第三者評価を受けることが**努力義務**として定められています。児童養護施設・乳児院・母子生活支援施設・情緒障害児短期治療施設・児童自立支援施設については、3年に一度、第三者評価を受けることが**義務**とされています。

図表8　さまざまな評価

種　類	評価の観点
自己評価	職員自身による個人ごとの評価、あるいは園全体としての評価
利用者評価	園および地域の保護者からの評価
第三者評価	公的に認証された第三者評価機関からの評価

5 │ 研修

　以下に示すように、組織としての学びには、さまざまな種類があります。それぞれ、学びの方法や参加メンバーの立ち位置が異なることに注意しましょう。

図表9　研修とその内容

研　修	内　容
ケースカンファレンス	担当者（クラス担任）が、事例（ケース）を報告し、参加者全員で、深く掘り下げ、さまざまな角度から討議すること。ケース会議、事例検討会などと呼ばれることもある。
スーパービジョン	保育実践や子育て支援に精通したベテランから、アドバイスや指導をうけること。園内職員同士で行われるものとは限らないが、職務上、タテの関係の中でおこなわれる。実践力向上にむけた教育的機能や、組織の一員として役割を担うための管理機能などがある。
コンサルテーション	外部のほかの専門職から、支援に必要な専門的な助言を受けたり、相談したりすることをさす。保育所等訪問支援（巡回相談）が代表例である。上下関係のあるスーパービジョンとは異なり、原則として対等な関係でおこなわれる。

＋ Lesson 7の まとめ

　さまざまな文体や記録のフォーマットを組み合わせることで、複雑な状況がすっきりと整理されます。このことは、園内・園外の支援者と連携をとる際、情報を共有する上で非常に重要です。また、適切な記録が書けることは、自己評価や第三者評価の資料の作成につながり、さらにはスーパービジョンやコンサルテーションなどの研修もスムーズに受けることができます。

＋ ○×問題

1. （　　　）ICレコーダーに録音された会話を、そのまま書いた記録を叙述体という。
2. （　　　）事実を時系列に沿って記述したものを叙述体という。
3. （　　　）自己評価には、同僚からの評価も含まれる。
4. （　　　）保育所は第三者評価を必ず受けなければならない。
5. （　　　）コンサルテーションとは、異なる専門性をもつ人からの教育的なかかわりをさす。

演習課題❹　Lesson 7で学んだことをもとに、気づきや感想を書こう。

＋ より深く 学びたい人へ

早樫一男『対人援助職のためのジェノグラム入門─家族理解と相談援助に役立つツールの活かし方─』中央法規、2016年

　ジェノグラムの書き方の基本から、ジェノグラムを活用した面接、カンファレンスなどの方法まで詳しく説明されています。ジェノグラムというツールを使いこなすことで、家族のさまざまな側面が浮かびあがってくることがわかります。

＋ 予習に おすすめの本

西川由紀子・射場美恵子『「かみつき」をなくすために保育をどう見直すか』かもがわ出版、2004年

　1〜2歳児クラスを担任する保育者にとって、かみつきは頭の痛い問題です。本書では、かみつきについて、かみついた子どもの個人的な問題としてとらえるのではなく、保育そのものを見直すことで改善の方向を探っています。

　ストーリー⑧では、かみつきをとりあげます。かみつきでは、かんだ子とかまれた子への対応だけでなく、保護者対応もていねいにおこなう必要があります。Lesson 8では、日常的なやりとりをベースにしながら、トラブル時の対応に応用できるコミュニケーションのとり方について、具体的な場面を想定しながら学びます。Lesson 5で学んだコミュニケーション技法（●36ページ）も復習しておきましょう。

Lesson 8 日常会話を活用した子育て支援

Lesson 8 のねらい

◎ 場面の違いに応じた保護者とのコミュニケーションの基本について理解する。
◎ トラブルの際の対応方法の基本を知る。

＋ストーリーを読むにあたって……

ストーリー⑧は、トラブルへの対応プロセスが題材となっています。かみつきでは、子ども同士のトラブルが解決したあとも、その報告を聞いた保護者はショックを受けることが多く、保育者の対応が十分でなかった場合、苦情にまで発展することがあります。あや先生は、どのような保護者対応をおこなうでしょうか？

[登場人物プロフィール]

サキちゃん
1歳児クラスのころから、友達を嚙んでしまうことがあった。話し言葉が増えたことにともなって、かみついてしまう姿は減り、3歳児クラスに進級してからは見られなくなっている。

サキちゃんのお母さん
園では鈴木と名のっているが、会社では通称（旧姓）の山田を使っている。かみつきでは、これまで肩身の狭い思いをしてきた。最近では報告がなくなっていたので、ホッとしていたのだが……。

シオリちゃん
3歳児クラスで入園。最近、サキちゃんとなかよしになり、よく一緒に遊んでいる。

シオリちゃんのお母さん
サキちゃん親子とは園行事を機会に親しくなった。おとなしい娘に友達ができたことをよろこんでいる。

＋ストーリー⑧ かみつきによるトラブルと対応

あや先生が担任している3歳児クラスばら組に在籍しているサキちゃんとシオリちゃんは、とてもなかよし。サキちゃんは活発で、遊びをリードすることが多い。一方、シオリちゃんは、動きや言葉数が少ないので、一見すると、おとなしい子にみられがちだが、実は芯の強い子である。正反対のキャラクターの2人だが、ウマがあうらしく、一緒にいることが多い。

サキちゃんは1歳児クラスのころから、友達を噛んでしまうことが多かった。そのころは、疲れているときや体調の悪いときにかみつきがおこることが多かったが、二語文が出て語彙も増加する2歳児クラスのころから減ってきており、3歳児クラスになってからはほとんど見られなくなっていた。シオリちゃんは3歳児クラスのときに入園した子なので、園で友達に噛まれた経験はない。

梅雨の時期になり、連日、雨が降り続いて、思い切り体を動かす遊びができなかったため、ばら組全体が落ち着かない雰囲気だった。ままごとコーナー（→イラスト）から、泣き声とともに子どもが倒れる音が響きわたった。

あわてて、あや先生がかけつけると、サキちゃんとシオリちゃんがもつれあったまま倒れていた。2人を引き離し、主任のみどり先生にヘルプをお願いして、クラスに入ってもらってから、あや先生は事務室に2人をつれていき、シオリちゃんの手首にできたアザを冷やしながら2人の話をきいた。どうやら、2人でままごと遊びをしようとして、どちらがお母さん役をするかをめぐりケンカが始まったらしい。サキちゃんが、いつもお母さん役が着ることになっているエプロンを無理やり奪い、そのことに腹をたてたシオリちゃんがサキちゃんの頬をつねり、そのお返しとして、サキちゃんがシオリちゃんにかみついた、という経緯だった。

あや先生が、あわててサキちゃんの頬を確認したところ、シオリちゃんにつねられた跡は残っていなかった。念のため、看護師のさつき先生にも来てもらい、みてもらったところ、倒れたときに頭を打った様子はないし、傷からの出血はないから、受診までしなくても、様子を見守ることで十分だろうという判断だった。

あや先生がお昼休みにシオリちゃんのお母さんの会社に電話連絡をいれ、サキちゃんの名前は伏せて「お友達に噛まれてしまった」と報告し、その前後の経緯を説明した。お母さんは、最初は非常におどろいた様子だったが、説明を聞くうちに落ち着き、了解してもらえたので、あや先生は胸をなでおろした。そして、サキちゃんのつねられた部分はアザにならずにすんだため、お迎えのときの説明で十分だろうと思った。

夕方のお迎えの時間、あや先生は夕方の保育の担当ではなかったが、シオリちゃんのお母さんがきたので、事務室から出ていって、再度謝罪した。しばらくして、サキちゃんのお母さんがきたので、あや先生が出ていって説明したが、納得していない様子。頭を打っているかもしれないのに、保護者への連絡もなく、何も対応されていないのは非常識だと、サキちゃんのお母さんは強い口調でいう。電話連絡をしなかったことについては謝罪してから、あわてて、看護師のさつき先生を呼んで状況説明をしても

Lesson8 ｜ 日常会話を活用した子育て支援

40　らったところ、やや不満そうな表情を残しながらも、「わかりました」と答えてくれた。

　　このようにして、なんとかその場をおさめたものの、あや先生としては、サキちゃんのお母さんが最後にみせた表情にひっかかりを覚える。明日の朝、登園してきたときに、もう一度、ていねいに声をかけてみよう。もしかしたら、時間をとって面談することになるかもしれない……などと思い巡らせるあや先生だった。

補足 **かみつき**：歯が生え始めたころから、口のまわりにあるものをかむ姿が見られるようになる。自己主張の始まる１歳すぎあたりから、表現手段の１つとして、周囲の人をかむ子どもも出てくる。言葉で自分の気持ちを表現できるようになると収まる傾向がある。

補足 **二語文**：「ママ、いた」など、単語を２つ並べて、物事をいいあらわす文体。１歳半〜２歳ごろに出現することが多い。この時期には、語彙が増えるとともに、自分の思いを主張する姿がみられるようになる。

演習課題❶ ストーリーを読んで感じたことを、自由に書こう。

演習課題❷ 以下の問題に答えながらストーリーを読みこもう。

問題1 ｜ 昼休みにあや先生が電話連絡を入れた際、なぜ、シオリちゃんのお母さんは非常におどろいたのか、その理由を書こう。

問題2 ｜ お迎えのとき、サキちゃんのお母さんが不満そうな様子を見せた理由を考えて書こう。

問題3 ｜ あや先生は「明日の朝、ていねいに声かけしよう」と考えていますが、どのような言葉をかければよいのか、考えて書こう。

＋ ストーリーの社会的背景
　　かみつきという現象は、限られた空間に、言葉では十分に自己主張できない子どもが大勢ひしめきあっている状況で起こりやすく、３歳未満児の保育で、しばしば問題となります。保護者側の事情としては、保育所の３歳未満児保育に関する知識をもっているとは限らないため、かみつき現象そのものを知らない人もいます。このため、わが子のかまれたアザを見たり、保育者からの報告を聞いたりして、うろたえる保護者が多いのが現状です。

＋ ストーリーを深く理解するために……
　　かみつきでは、かみつかれた子の側に注目が集まりがちですが、かみついた子の側も、かみつかざるを得なかった事情を抱えており、ていねいな対応が必要です。ストーリー⑧ではトラブル時の保護者対応が扱われていますが、クレーム処理のテクニックよりも、保育者と保護者間の**日ごろのやりとりのなかでつちかわれた信頼関係が重要である**ことがわかります。送迎の際の立ち話など、何気ない日常会話のなかで、いかにして保護者との関係を深めていくのか学びましょう。

8

59

1 送迎時のやりとり

（1）受け入れ時

　保育者のほうから、笑顔であいさつをしましょう。「保護者はまだ気づいていなさそうだから（あるいは、忙しそうだから）、あとであいさつしよう」と思っていると、つい忘れてしまいがちです。必ず、**保育者のほうが先に声をかけていくよう心がけましょう**。保護者にとっては、仕事前のあわただしい時間帯ですから、短時間のうちに、子どもの体調の把握や提出物のうけとりなどの連絡事項の対応や引き継ぎを確実におこないます。

　子どもが保護者からなかなか離れられなくて機嫌が悪いときは、とくにていねいに対応し、保護者が安心して出発できるようにしましょう。泣いている子どもを残していくのは、保護者にとって非常に辛いものだからです。そのようになってしまった場合には、お迎えのときに、その後の子どもの様子などを話して、安心してもらえるよう配慮しましょう。

（2）通常の迎え時

　笑顔で「おかえりなさい」と、保護者をあたたかな声で迎えましょう。仕事の緊張感から気分転換し、わが子に気持ちが向けられるよう、保育者のほうから気持ちをこめてあいさつしましょう。

　その子とかかわった職員は、保育者自身の思いも添えながら、その日の姿をジェスチャーなども交えたりして、具体的に伝えます。「〜ができた（できない）」だけでなく、**子育ての楽しさを共有できるような語りが重要**です。ただし、家庭のプライバシーにかかわる話など、立ち話を超える内容になりそうな場合は、場所を変えたり、別の機会を設定したりするなど配慮しましょう。

写真①　玄関扉に貼られたクラスだより（時間のない保護者にも、その日のクラス活動がわかりやすく伝わるよう配慮している）

　また、子どもの作品や掲示物は目に留まりやすいよう配慮しつつ、必要に応じて、保護者にも目を向けてもらえるよう、声をかけましょう（○写真①）。

> **演習課題❸**　保育者役と保護者役に分かれて、会話の間のとり方やジェスチャーに気をつけながら、送迎時のやりとりのロールプレイをおこない、気づきや感想を書こう。

●ロールプレイの例
保育者：おはようございます。
保護者：（ストーリー①のケイタくん親子：ぐずるケイタくんを片手であやし、反対の手は大きな荷物を抱えていて、余裕がないためか、返事がない）
保育者：ケイタくん、おはよう。（保護者に）おはようございます。

保護者：あ、先生、おはようございます。

保育者：（ぐずっているケイタくんを抱きとり、あやしながら）あらあら、ケイタくん、ちょっとご機嫌ナナメですね。昨夜は、どうでしたか？

保護者：朝はぐずらずに起きてきたけど、朝食はあまり食べてくれなくて……。時間ないし、ついイライラして叱ったら、それから、もうこんな感じで。熱はないし、ウンチもしたし、体調はいいんですけどね。

保育者：わかりました。給食や補食のときによく見ておきますね。じゃあ、ケイタくん、お母さんに「いってらっしゃい」しようね（機嫌の直ったケイタくんの手をとり、一緒にバイバイの仕草をする）。

保護者：じゃあね、ケイタ。（保育者に）迎えはいつも通りです。よろしくお願いします。

2 │ トラブルの際のやりとり

（1）事前対策

　トラブルの際、保育者の個人的判断で動くのは厳禁です。**事前に、園としての対応の基準やその手続きを確実に習得し、あわてず迅速に対応できるようにしておくことが大事です。**ただし、どんなに注意をはらっても、トラブルをゼロすることは無理ですし、トラブルを恐れて萎縮してしまうと、保育内容がつまらないものになってしまうでしょう。トラブルを過度に恐れるのではなく、常にトラブルの可能性を予測しながら保育をおこない、いざというときには、園の基準や手続きにしたがって、園長など上司に報告・連絡・相談しながら対応すれば、保護者からのクレームにまで発展することは少ないと思われます。

　トラブルが起こってから、あわてふためくのではなく、クラスの保護者懇談会などの機会を活用して、事前にトラブル・怪我・事故がどのようなときに発生するのか、園としてどのような予防や対応をとるのか、保護者に説明しておきましょう。保護者側も見通しがあれば、そのような状況になった場合でも、事実を冷静に受け入れてもらえる可能性が高くなります。

（2）トラブルが起こった場合

　トラブルが起こったときは、**まず子どもたちの安全を確保し、主任や園長の指示を仰ぎながら、園の基準にしたがって対応しましょう。**保護者への連絡のタイミングや手段も、園での基準に沿って判断し、対応します。

　保護者にトラブルの報告をする際、できるだけ担任かその状況に立ち会った職員が直接説明し、謝罪します。なかでも、子ども同士のトラブルの場合には、相手の子どもの名前などをどこまで伝えるか、園の基準などを参照しながら慎重に判断しましょう。あとで、保護者からのクレームに発展する恐れのある場合は、上司（主任・園長）やほかの職員の立ち合いをお願いすることができれば、助け舟を出してもらえたり、保護者からの誤解も生じにくくなる効果もあるので、安心です。

　また、トラブルの状況について、記憶が鮮明なうちに記録を作成しましょう。ほかの職員に立ち合いをお願いして状況を見てもらっておいたり、写真をとっておいたりするのも有効です。万が一、あとで何かあったときには、重要な証拠となりますから、日付・時刻・その場にいた人物・状況を正確に記録

しましょう。翌朝には、「このたびは、ご心配をおかけしました。あれから、いかがですか？」などと保護者にフォローを入れます。

演習課題❹ 保育者役と保護者役に分かれて、会話の間の取り方やジェスチャーに気をつけながら、トラブル時のやりとりのロールプレイをおこない、気づきや感想を書こう。

●ロールプレイの例

保育者：おかえりなさい。今日も暑かったですね。

保護者：ただいま。

保育者：今、ちょっと、お時間よろしいですか（保護者がうなづくのを確認してから）。今日の給食は、ケイタくんの大好物のカレーだったので、いつものようにおかわりするかと思ったら、しなかったんですね。あれ……と思っていたら、お昼寝前に下痢をして、少しパンツも汚してしまいました。パンツは下洗いしてこちらにいれておきましたけど、少し寒そうだったので、園の長袖Tシャツを出して着せました。

保護者：あ、長袖を引き出しにいれてなかったんですね、ありがとうございます。

保育者：お昼寝前にお熱を図ったら37.0℃で、下痢は昼食直後の1回だけでした。お昼寝中に看護師にも見てもらったところ、様子を見ながら保育すれば大丈夫だろうということだったので、夕方は外に出ずに、室内でのんびり過ごしました。暑さで疲れがたまっているのかもしれないですね。

保護者：ありがとうございます。帰りに、かかりつけの小児科に行ってみます。

保育者：連絡帳に、下痢のときの様子を詳しく書いてあります。病院の受診のときに参考になさってください。お大事に。

保護者：今日もありがとうございました。じゃあ、病院がしまるといけないので（会釈する）

保育者：お大事に（保護者に会釈を返す）。（ケイタくんにもほほえんで）また、明日。さようなら。

3 面談

ストーリー⑤（→32〜33ページ）でも示したとおり、有意義な面談にするためには事前の準備が大切です。保護者にとって、同じ内容がくり返されたり、保育者の対応が一貫しない場合、不信感につながります。これまでの記録類（面談記録・児童票など）を見直し、これまでの経緯や引継事項のチェックしておきましょう。その上で話し合いたい内容を絞り込んだり、保護者から出る可能性のある質問などへの対応をシミュレーションしておきましょう。何か情報提供を求められたときのために、利用可能な地域資源をチェックし、資料を用意しておくのも大切です。玄関や受付など、誰にとっても目につきやす

写真② 情報コーナー（玄関と事務室の横にある靴箱の上に設け、各種届け用紙やパンフレットが手にとりやすいように配置されている）

い場所に、情報コーナーを設け、保護者がいつでも手にとれるようにしておくのも効果的です（➡写真②）。

　面談中は、コミュニケーション技法を活用して（➡36ページ）、保護者の言葉だけでなく、表情やしぐさなどノンバーバルな部分にも注目し、保護者の意図や思いを汲みとるよう心がけましょう。ストーリー⑤のように、職員2名以上で面談に臨むことができれば、1人は会話に集中し、もう1人はメモとりや資料の用意などの補佐役にまわる形で、役割分担してすすめることができます。

4 ｜ 電話連絡

　入園時や新年度には、園全体で、保護者の連絡先と連絡手法、その優先順位などに記載した書類を作成します。夫婦別姓がすすみ、職場では旧姓を使用する人が増えているので、この点についても留意しましょう。年度途中で状況が変わった場合、その都度、情報が更新されるように注意しなければなりません。

　電話連絡を入れるかどうかは、園の統一基準をもとに、園長や主任に報告・連絡・相談しながら進めます。電話では、手短に要件をわかりやすく伝えるよう、配慮しましょう。

演習課題❺ サキちゃんのお母さん（鈴木さん）の会社に電話をかけ、取り次いでもらい、用件を切り出すまでのセリフを書こう。

　ヒント 保護者が会社で通称を使用しているか、あらかじめ確認しておこう。

演習課題❻ サキちゃんのお母さんの個人携帯に電話をかけ、留守電だったので、用件を入れておくことにした。留守電に入れるメッセージを書こう。

　ヒント 短い時間に必ず伝えなければならない事柄を絞り込もう。

➕ Lesson 8の まとめ

　日ごろ何気なく交わしている会話ですが、この日常性にこそ、保育者の専門性が埋め込まれています。Lesson 5で学んだコミュニケーション技法とも合わせて理解し、使いこなせるようになってください。

➕ ○×問題

1. （　　）保護者からの連絡・提出物は、メモをとるなどして確実に引き継ぐ。
2. （　　）かみつきについて保護者に報告する際、かんだ子どもの名前をかまれた子どもの保護者に必ず伝える。
3. （　　）送迎にきた保護者が忙しそうな様子のとき、保育者からのあいさつはしなくてもよい。
4. （　　）子どもの急病や事故が起こったとき、保護者に電話をいれるかどうかは、園で共通の基準をもとに判断する。
5. （　　）送迎の際、相談事やプライバシーにかかわる話は、その場ですばやく対応する。

演習課題❼　Lesson 8で学んだことをもとに、気づきや感想を書こう。

➕ より深く 学びたい人へ

西川由紀子『「かみつき」をなくすためにPart2―おとなの仲間づくりを考える―』かもがわ出版、2009年

　著者は、1人ひとりの子どもやその保護者への対応だけでなく、クラス保育そのものの見直しやクラス全体の保護者への対応まで必要であると説いています。保護者からの苦情にまで発展しないための予防策として、保護者同士の人間関係がポイントとなります。その仲間づくりの方法が詳しく説明されています。

➕ 予習に おすすめの本

厚生労働省「保育所におけるアレルギー対応ガイドライン」2011年 (http://www.mhlw.go.jp/bunya/kodomo/pdf/hoiku03.pdf)

　アレルギーをもつ子どもが、保育園などの集団生活において、問題となる事柄とその対応策が解説されています。家庭と園とが協議したり、確認したりするときのポイントだけでなく、その際に活用できる文書の様式例も参考になります。

　Lesson 9では、アレルギー対応を必要とする子どものトラブルの事例を通して学びます。アレルギーをもつ子どもが増えている現在、保育者にとって避けて通ることができない問題です。保育内容「健康」や「子どもの保健」などのテキストを復習しておきましょう。

Lesson 9 文書を活用した子育て支援

Lesson 9のねらい

◎ さまざまな種類の文書があることを知り、書き方の違いがあることを理解する。
◎ 保護者向けの文章の書き方の基本を習得する。

＋ ストーリーを読むにあたって……

　ストーリー⑨では、アレルギーをもつ子どもへの家庭支援を取りあげました。医療的な配慮を必要とする子どもに対して園で対応する場合、「何を」「いつ」「どれだけ」するのかを、クラス担任だけではなく、すべての職員で共有し、確実に実行していく必要があります。このため、保育者－保護者間だけではなく、保育者同士でも、文書でやりとりすることで、一つひとつ確認し間違いや漏れのないようていねいに対応していきます。ストーリー⑨では、どのような文書が登場するでしょうか。

［登場人物プロフィール］

トシくん
卵アレルギーとアトピー体質をもつ。アレルゲンはすべて特定されていないものの、発作のような症状がおこることもあるため、体調管理をていねいにおこなう必要がある。

トシくんのお母さん（佐藤さん）
早朝・夕方の延長保育を利用している。担任の先生と、直接会えないことが多く、アレルギー疾患についても文書でやりとりすることが多い。

+ストーリー⑨ アレルギー児への医療などの対応

トシくんは、アレルギー疾患の症状をもつ男の子。アレルゲンはすべて特定されていないものの、卵アレルギーがあり、ときおり、ヒューヒューと発作のようにせき込むことがある。冬や季節の変わり目には、肌が乾燥し、ひどくかゆがり、血が出るほどかきむしってしまうこともある。現在、卵アレルギーについては、かかりつけ医が作成したアレルギー疾患生活管理指導表を提出してもらい、栄養士が作成した実施計画書に沿って除去食（場合によっては代替食）を提供している。

朝夕ともに母親が送迎しているが、早朝保育と延長保育の両方に入る子どもなので、クラス担任と保護者が、直接会話する機会は少ない。しかし、体調が悪くなると、アレルギーのさまざまな症状も悪化することが多いため、家庭とこまめに連絡をとりあう必要がある。0・1・2歳児クラスのころは、おもに園指定の**連絡帳**で情報共有をしていた（⇒写真①、写真②）。

写真① 2歳児クラスの連絡帳入れ

写真② 0歳児クラスの連絡帳（2枚複写式で1枚目は家庭へ、2枚目は個人記録として園が保管する）

3歳児クラスになってからは、全体へのお知らせとして廊下や玄関など目につきやすい場所にお知らせを掲示したり、個別連絡として、クラスの**連絡ボード**を使ったり、**手紙**で伝えたりするようにしていた。ただ、これらの方法では、その日以前の文章を記録として見ることができないため、トシくんの体調把握が難しかったため、**連絡ノート**（⇒写真③）を用意してもらい、健康状態で気になることがあるときに連絡しあうことにした。

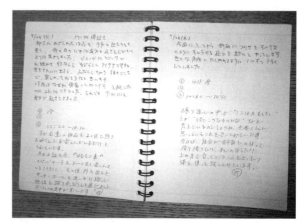

写真③ 3歳児クラスの連絡ノート

あや先生が代休をとり、主任のみどり先生がパートの先生と組んでばら組をみている日のことだった。パートの先生が配膳をおこない、全員で食べ始めたところで、除去食ではないトレイが配られていることに気づいた。マヨネーズであえたポテトサラダを口に含んだところを、間一髪で吐き出させたために、大事には至らなかった。みどり先生が、トシくんの母親に電話連絡をおこない、了解してもらえたので、通院まではせず、様子をみることになった。みどり先生は早番だったため、クラス保育が終了後、母親あての**手紙**を書いて、延長保育の担当者に引き継いだ。

今回の経緯は、**事故報告書（経過記録票）**を職員全員で回覧し情報共有をした。後日、配膳ミスに関する反省会がおこなわれ、除去食のときにはトレイだけでなく食器も異なる色のお皿を使用することになった。また、職員全体会議でも、改めて報告をおこない対策について話し合いがおこなわれた結果、**ヒヤリハットのチェックリスト**に、新たな項目が加えられることになった。ミーティングでの報告や**引継ぎノート**にも除去食の子どものアレルギー一覧表をつくり、担任だけでなく、すべての職員がその日の該当者を把握できるようにした。

補足 アレルギー疾患：卵・ミルク・花粉など、本来は身体にとって無害なものでも、摂取したり、接触したりした場合に、過剰に免疫反応を起こしてしまうことで引き起こされる疾患のこと。

重要 アレルギー疾患生活管理指導表：アレルギーについて配慮の必要な子どもの保護者・保育所・医療機関が連携して情報共有するために用いられる。保護者が申し出て、指導表を受けとり、かかりつけ医や専門医に記入してもらって、園に提出する。これをもとに協議し、実施計画書が作成される。指導表は年に1回見直しをおこなう。厚生労働省による様式例は、以下を参照。
http://www.mhlw.go.jp/bunya/kodomo/pdf/hoiku03_005.pdf

補足 除去食と代替食：アレルギー症状の発現を防ぐ目的で調理された食事。除去食ではアレルゲンとなる食品を除去するだけであるが、代替食では、さらに替わりとなる食品を用いて調理する。

補足 かかりつけ医：日常的な診療や健康管理などをおこなってくれる身近な医師のこと。

補足 事故報告書（経過記録票）：重大なアクシデントが発生した場合、その経過を客観的に記録して、原因やプロセスの解明をおこなった上で、再発防止につなげるために作成する文書。アレルギー疾患の場合、厚生労働省による様式例がある。
http://www.mhlw.go.jp/bunya/kodomo/pdf/hoiku03_006.pdf

補足 ヒヤリハット：「ヒヤリ」と感じたり「ハッと」したりした出来事のうち、場合によっては重大な事故や災害に直結したかもしれないものをいう。ハインリッヒの法則によれば、1件の重大事故の裏には、29件の軽傷事故、300件の無傷事故（ヒヤリハット）があるといわれる。

演習課題❶ ストーリーを読んで感じたことを、自由に書こう。

演習課題❷ 以下の問題に答えながらストーリーを読みこもう。

問題1 ｜ あや先生はトシくんの母親との間で、どのようにして情報を共有しているだろうか。乳児保育のころと現在に分けて、書き出そう。

問題2 ｜ 園の職員全体で、どのようにしてアレルギー児への対応に関する情報を共有をしているか、書き出そう。

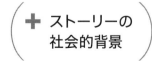
ストーリーの社会的背景

かつてアレルギー疾患をもつ子どもには給食を提供せず、お弁当の持参を求めるなど、園としての個別対応に消極的な園もありました。しかし、近年では、アレルギー疾患をもつ子どもが増加したこともあり、より積極的な対応をするようになりました。除去食などの提供のほか、アナフィラキシーショックを起こさないためのエピペンなど、**医療と連携した対応も求められることが増えています。**

$\left(\begin{array}{c} \text{ストーリーを深く} \\ \text{理解するために……} \end{array}\right)$ 保育所や認定こども園などでは、保育者の個人プレーではなく、職員集団として仕事を進めていくため、担任保育者と保護者との間でやりとりされた情報は、園内・園外との連携の際にも活用されます。以下の保育所保育指針にもあるように、迅速かつ的確に情報共有をおこなう上で、文書は重要なツールです。

保育所保育指針　第4章　子育て支援　2　保育所を利用している保護者に対する子育て支援
（1）保護者との相互理解
ア　日常の保育に関連した様々な機会を活用し子どもの日々の様子の伝達や収集、保育所保育の意図の説明などを通じて、保護者との相互理解を図るよう努めること。

---

1 | 連絡帳

　保護者にとって連絡帳とは、クラス担任との連絡手段であると同時に、育児日記としても活用されており、子どもが大きくなってからも大事に保管して読み返している人もいます。保護者側の記述欄には、連絡事項だけでなく育児の楽しさや辛さ、わが子への思いがつづられていることが多いのも特徴です。このため、行間にこめられた保護者の思いに対して想像をめぐらせながら、文章で毎日さりげなく寄り添うのも（→図表1、2〜3行）、連絡帳の大切な役割となります。

　連絡帳は、0〜2歳児クラスでは毎日、3歳児以上では随時やりとりされることが多いようです。保育者1人あたり、1日数冊以上担当することが多いため、短時間のうちに大量の文章を書くことが求められます（→写真①②③）、以下のポイントはしっかり押さえて書きましょう。

●支援のポイント
　・心を落ち着かせて、ていねいな字で書き、必ず見直しましょう。乱雑な字や表記の誤りは、読み手に不快感を与えます。
　・保護者の立場や理解力に見合う文章を書きましょう。敬語も相手によって使い分ける必要があります。
　・保護者が書いた質問や要望には確実に対応しましょう。いつ、どのように対応したか、職員同士でもわかるようにしておきましょう（→図表1、1行）
　・園やクラスの事務連絡は、漏れのないよう記載しましょう。

　クラス活動を描写する際、同じ出来事を何冊も続けて書くことがあります。そのようなときでも、**1人ひとりの子どもやその家族の顔や姿を思い浮かべながら、その子が主人公となるようなストーリーを物語る気持ちでつづる**と、保護者にとって読みごたえのある文章となることでしょう（→図表1、5〜9行）。園のストーリーと家庭でのストーリーを関連づけながら伝えることができれば、より効果的です（→図表1、9〜12行）。

　ただ、ケガ・病気・トラブルなど、**誤解や不安を与える恐れのある表現は、連絡帳には書かずに、保護者の反応を確かめながら、直接伝えましょう。**連絡帳では、相手の反応に応じて、すぐに修正をいれることができないためです。

　負担感をともなうお願いごと、改善すべき養育行動など、保護者にとって耳の痛いことは、自分から

Lesson 9 │ 文書を活用した子育て支援

気づいてくれるような伝え方を工夫するとよいでしょう。たとえば、「体調が悪くならないよう、早めに夕食や入浴をすませ、8時に寝ましょう」とストレートに伝えなくても、図表1のように「週末にかけて疲れもたまってくるので、ゆっくりお過ごしください」と書けば、多くの保護者は保育者がいいたいことを察してくれるはずです。

図表1　連絡帳の例

家庭より（9月18日 木曜日）	行	園より
昨日も帰りが遅くなってしまい、夕食は8時を過ぎ、急いでお風呂に入ると、もう9時半。私が髪にドライヤーしている間に、もうトシはソファーでウトウトしていたので、ダッコでそのままベットへ。 　11時ごろにせき込み、ヒューヒューが始まったので、パパも私も飛び起きて、吸入したところ、すぐに落ち着いてくれたので、ホッとしました。その後は、朝までぐっすり眠り、ご機嫌な顔で起きてきました。逆に私は目がさえてしまって、眠れませんでしたが……。 　朝は食欲あり、ふりかけご飯をおかわりもしました。登園前、背中やお尻に、ステロイド入クリームを塗りました。おかげさまで、かきこわしはきれいになってきましたので、引き続き保湿剤をお願いします。	1 5 10 15	保湿剤はいつもどおり、お昼寝前に塗りました。昨夜の発作は、お母さんもお仕事が忙しい時期だけに大変でしたね。園では、日中、とくに変わりなく元気に過ごしています。 　今日は、みんなで大型ブロックで遊びました。トシくんは、マアちゃんと一緒に、クルマをつくって「ブッブー」と走らせていました。お父さんと同じ赤い車で「おべんとうもって、どうぶつえんにいく」ですって！　この前の日曜日におうちで動物園に行ったのを、思い出しながら、ブロックで"みたて遊び"をしていたようですね。さすが、トシくん、楽しかった思い出を、しっかり覚えています！ 　週末にかけて疲れもたまってくるので、ゆっくりお過ごしください。

演習課題❸　保護者欄とその日の出来事（4コマ：2歳児クラスの運動会の練習）をもとに、連絡帳の文章（300字程度）を作成し、気づきを書こう。

家庭より（9月15日 月曜日）	園より
この週末は、家族3人で動物園に遊びに行きました。トシは、私がお弁当をつくっているのを見たときから、テンションあがりっぱなし。苦手な着替えもがんばり、お気に入りのミニカーをリュックに入れ、車に乗りこんで、さあ出発！　動物園では、カバが大きく口を開けているのにおどろいたり、サルのケンカにみとれたりしていましたが、一番のお楽しみはお弁当タイム。サンドウィッチをたいらげたあとは、ちゃっかり、お父さんにソフトクリームを買ってもらいました。帰りの車では爆睡状態でしたzzz……。 　写真の申込書と代金をはさみます。	トシくん、はやくきてよ～。 ①　暑いし、おつかれの様子だけど、赤い車に変身すれば、がんばれるかも……フープを赤いものに変えてみよう！② トシくんのおうちの赤い車発車するよ。早くお乗りください。③　トシくんは、あわててとびおきフープをにぎりしめて走り出しあっという間にゴール!! 切りかえのあざやかさにみんなビックリでした④

69

2 ┃ おたより

　おたより（「通信」と呼ばれることもある）とは、「おうちの人」という不特定多数の読者にむけて、保育者が発信する通信手段をさします。保護者以外の人の目にとまる可能性もあるため、個人情報が気になるところです。氏名の表記や写真など、**個人情報やプライバシーにかかわるものは、園として定めたルールに沿って保護者に説明しておきましょう。**年度はじめに全体で説明し、個別に承諾書をいただく園が多いようです。

　おたよりは、以下のポイントを中心に、見やすくわかりやすいものとなるようにしましょう。

- ●支援のポイント
  - ・平易な表現を心がけ、漢字にはルビをふりましょう。
  - ・フォント、見出し、イラスト、レイアウトも工夫しましょう。細かく詰め込んだ感じにならないよう、字やイラストの大きさに注意し、間隔を調整しましょう。
  - ・命令的ないい回しは避け、やわらかい表現を使いましょう。
  - ・ジェンダーバイアスの強い表現や差別の恐れのある表現は避け、中立的な書き方をしましょう。
  - ・誰が読んでも不快にならない表記・文章にしましょう（たとえば「身体障害児」ではなく、「歩行が少し不自由な○○くん（ちゃん）」というようにするなど、配慮のこもった表現となるよう工夫しましょう）。

　おたよりの内容は、園だよりでは、定型フォーマットで事務連絡（例：行事日程）に使われることが多いのに対し、クラスだよりは、担任保育者がクラス活動のストーリーなど自由に書くことが多いようです。クラス担任であれば、クラスだよりで何を書くか悩むことが多いものですが、普段からネタあつめの目線で、自分のクラスの保育をふり返り、こまめにメモをとる習慣をつけておくと、スムーズに書き始めることができることでしょう。

　クラスだよりの内容は、クラス担任の判断に任されていることが多いようですが、偏った内容にならないよう公平な記述を心がけましょう。特定の子どもがひんぱんに登場したり、個人的な価値観を強く押し出したりすると、それを読んだ人は不快になりがちです。また、保護者にとっては負担感のある**お願いごとをする場合には、その理由を書いたり、関連するストーリーを添えたりするなど、保育者の意図をさりげなく示しておくと、**保護者も前向きな気持ちで協力してくれることでしょう。

> **演習課題❹** 　**新年度の最初に発行するクラスだよりとして、自己紹介とクラス担任としての抱負など記載したおたよりを作成し、気づきを書こう。**
>
> 　ヒント　4月の行事予定、4月の誕生児、持ち物の記名のお願いなどのトピックスを入れるとよいでしょう。

3 | 手紙とメール

　メールは、保育所から保護者への一斉伝達に用いられることが多いようです。既読確認の設定がされていると、読んでもらったかどうかわかるので、心強いですね。園から保護者に返信する場合、すぐに返信することは難しい場合が多いので、返信の担当者や返信にかかる時間の目安をあらかじめ伝えておきましょう。また、権利擁護の観点から、保護者からの意見収集の手段として意見箱（連絡用のポストを兼ねることもある）などを設置している園もあります（●写真④）。

　保育者から保護者あてに手紙やメールを書く際の注意事項には、時候のあいさつなどの儀礼的なものを除けば、以下のように共通するポイントがあります。

写真④　意見箱（玄関に設置されており、隣には月のおすすめの絵本と貸し出しノートが置かれている）

● 支援のポイント

- 最初に宛名を「〇〇様」と保護者の名前（名字）を書きます。旧字体や異体字の場合はとくに注意して、名前の漢字表記を間違うことないよう注意しましょう。「〇〇くん（ちゃん）のお母さんへ」という宛名の書き方は、相手に対して失礼になります。
- 通常は冒頭に書く時候のあいさつは不要で、次の表現を使います。
「お世話になっております。」
「本来ならば、直接お話すべきところですが、手紙にて失礼します。」
- 1つの手紙で、要件は1つにしぼりましょう。伝えたいことや結論から書くと、迅速に要件を伝えることができます。
- 文章の最後は簡潔に閉じましょう。迷うときは「どうぞよろしくお願い致します。」と書いておくと、相手にていねいな印象を与えます。
- 最後に記入年月日と署名を入れましょう。

　エピソード⑨の手紙のように、トラブルの際の手紙やメールには、細心の注意を払う必要があります。事前に同僚や園長にチェックしてもらい、必要に応じてコピーを保存しておきましょう。

　基本的に園としてのおわびの気持ちや誠意を示すことが主目的で、**詳しい状況説明が必要なときは、できればほかの職員に立ち会ってもらい、相手の反応をみながら、直接伝える**ようにしましょう。また、反省の気持ちを伝える場合でも、「以後、絶対に事故が起こらないようにします」といった不確実な事柄を書くのは厳禁です。

演習課題❺　ストーリー⑨25行目で、みどり先生が保護者宛てに書いた謝罪の手紙を想像して書こう。

＋ Lesson 9の まとめ

　さまざまな事務文書を紹介し、クラス担任になった場合、必ず書くことになる連絡帳・おたより・手紙（メール）の書き方については詳しく説明しました。基本をしっかりふまえた上で、あとは、「いいな」と感じる先輩保育者などの書き方をじょうずに模倣して、自分のものにしていきましょう。

＋ ○×問題

1. （　　）連絡帳では、その日におきた出来事のうち、客観的な事実だけを書く。

2. （　　）おたよりでは、専門用語は避け、平易で読みやすい文章を心がける。

3. （　　）おたよりは、不特定多数の人が見るため、個人情報の扱いについて配慮する。

4. （　　）保護者からのメールには、すぐに返信しなければならない。

5. （　　）謝罪の手紙では、状況報告を詳細におこなうことが、もっとも重要な事柄である。

演習課題❻ Lesson 9で学んだことをもとに、気づきや感想を書こう。

＋ より深く 学びたい人へ

大豆生田啓友監修『つたえる＆つたわる　園だより・クラスだより―保護者とのコミュニケーションの新手法―』赤ちゃんとママ社、2008年

　手書きのおたより、パソコンのおたよりなど、さまざまな手法を駆使したおたよりの書き方や実例が豊富にあります。保護者からの率直な意見が多数載っていて、参考になります。現場ですぐに使えるよう、各月の実例やカット集もついています。

＋ 予習に おすすめの本

大場幸夫・民秋言・中田カヨ子・久富陽子『外国人の子どもの保育―親たちの要望と保育者の対応の実態―』萌文書林、1998年

　インタビューなどを通じて、日本語を母語としない保護者の悩みが明らかにされています。宗教上のタブーや食習慣の違いなど、文化の違いから起こってくる問題についても詳しく書かれており、今でも学ぶところの多い本です。

　次のLesson 10では、日本語を母語としない家族に対する支援をとりあげています。文化の異なる人に対しては、保育者のほうがさまざまな「壁」を感じて、つい身構えてしまったり、コミュニケーションをとることに負担感を感じてしまったりすることが多いように思われます。「心の壁」を乗り越えていくための工夫の数々を学んでいきましょう。

Lesson 10 行事などを活用した子育て支援

Lesson10のねらい

◎ 子育て支援における行事などの意義について理解を深める。
◎ 保護者が参加するさまざまな行事について理解する。
◎ 保護者たちによる自主活動を側面的に支援する方法の基本を知る。

＋ストーリーを読むにあたって……

保育参加（保育参観）・夏祭り・運動会などの行事は、企画や準備など大変ですが、じょうずに運用すれば、普段の園生活にメリハリがついて盛りあがるだけでなく、さらに、子育て支援にも役立てることができます。子どもたちだけでなく、保護者も主体的に行事に参加して、エンパワメントにつながっていく様子を描いたストーリー⑩をもとに、行事などを活用した子育て支援について考えていきましょう。

［登場人物プロフィール］

インディラちゃん

２年前に来日。インド人。園での生活はすべて日本語で、コミュニケーションに困ることはない。家庭では英語かヒンドゥー語を使用している。

インディラちゃんのお母さん

外資系IT企業に勤務。イギリスの大学を出ており、仕事ではおもに英語を使用している。日本語はほとんど使えない。

＋ストーリー⑩ 日本語を母語としない保護者

　インディラちゃんは、2年前に両親の転勤により来日した。両親ともにインド人で、同じ外資系IT企業に勤務している。インディラちゃんは、家ではヒンドゥー語や英語、園では日本語と使い分けており、園生活でコミュニケーション上の支障はない。一方、両親は英語ならば不自由なくコミュニケーションできるものの、日本語はたどたどしく、ひらがなを読むのがやっとの状態である。

　園内に英語の得意な職員はいないが、スマートフォンの辞書アプリを片手に会話をしている。連絡帳はひらがなで書き、おたよりでは漢字にルビをふって対応している。クラスの保護者懇談会のときには、高校で英語を教えている保護者に隣の席に座ってもらい、適宜、通訳や補足説明をしてもらっている。

　クラスでの個人面談のときに、お母さんから「いつも、先生やお母さんたちに、いろいろ助けてもらって、ありがたいと思っている。クラスの子どもたちやお母さんたちともっとなかよくなりたい。自分からも何かできることはないだろうか」という相談があった。確かに、親子参加の行事のときなど、インディラちゃんのお母さんは、話の輪に入りにくいのか、さびしそうにしていることがあった。

　あや先生は、連絡事項を伝えることだけで精一杯だったことに気づき、反省した。そして、主任のみどり先生にも相談しながら、いろいろ考えた結果、インディラちゃんのお母さんの保育参加では、ただクラス活動に参加するのではなく、インド料理のクッキング教室の講師になってもらうことを提案した。するとその翌日、簡単に調理できるようアレンジしたチャパティ（カレーに添える主食）と、ラッシー（デザート）の簡単なレシピを書いてもってきてくれた。

　保育参加の日、子どもたちは熱心にインディラちゃんのお母さんの説明を聞き、はりきって生地をこね、ホットプレートで焼いた。これまでインディラちゃんのお母さんのエキゾチックな顔だちや服装にとまどいがちだった子も、大好きなカレー料理を一緒につくり、おいしく食べたことがきっかけとなって、すっかりなかよしになった。

　この日の出来事は、クラスだよりにも写真入りで載せたが、子どもたちの口からも保護者たちにも伝わり評判となった。料理好きな保護者が、直接、つくり方をたずねたりするなど、インディラちゃんのお母さんがほかの保護者と会話している姿が、送迎のときなどにもみられるようになった。

　この園では毎年、海の日の前夜に夏祭りがおこなわれている。子どもたちが盆踊りを披露するほかに、保護者会の主催でバザーや夜店が出店され（イラスト）、園児とその家族だけでなく、地域の人々が大勢おとずれる。夜店では、これまでヤキソバなどを提供してきたが、カレーにメニュー変更することを、保護者会の会議にオブザーバーとして出席していた園長が提案した。

　これまで、行事のときに外国籍の保護者の参加が難しいことが問題となっていたので、母国の料理を紹介する機会を設けることで、出番をつくろうというわけだ。保護者会の会議で、園長からの提案は了承され、夏祭りにむけて本格的に動き始めた。今年の夜店では、インドだけでなくタイやベトナムのカレーも食べられるといううわさを聞いた子どもたちも、夏祭りの日が来るのを指折り数えて楽しみにしている。

Lesson10 | 行事などを活用した子育て支援

復習 個人面談：➡ストーリー⑤32〜33ページ19〜63行
復習 クラスだより：➡70ページ

演習課題❶ ストーリーを読んで感じたことを、自由に書こう。

演習課題❷ 以下の問題に答えながらストーリーを読みこもう。

問題1 │ 個人面談の前まで、園ではインディラちゃんのお母さんに対し、どのようなコミュニケーション支援をおこなったのか、書きだそう。

問題2 │ あや先生は、インディラちゃんのお母さんに対する支援への反省として、どのようなことを考えたのか書こう。

➕ ストーリーの 社会的背景

　　グローバル化の流れをうけ、保育所や認定こども園などにおいても、近年日本語を母語としない保護者と子どもが増えつつあります。子どもに比べて、大人は日常言語の習得に時間がかかるために、インディラちゃんの両親のように、母国ではエリートの立場にある人でさえ、園内のコミュニケーションでは、困難が生じることが多いようです。

　しかし、その一方で、ストーリー⑩のように多様なルーツをもつ保護者や子どもの存在は、園の子どもたちだけでなく、その他の保護者にとっても、**身近な場で異文化とふれあう貴重な機会につながる**可能性も秘めています。

➕ ストーリーを深く 理解するために……

　　昔から、園と保護者が協力しあって、バザー・遠足・夏祭りなど、さまざまな行事が運営されてきました。熱心に協力してくれる保護者がいる一方で、いろいろな意味で余裕のない保護者もおり、その結果、温度差が生じて、不公平感や負担感を感じることが、よく問題になってきました。これをうけて、『幼保連携型認定こども園教育・保育要領』では、**保護者同士がお互いに理解しあえるよう、保育者が仲立ちする必要がある**ことが指摘されています。

幼保連携型認定こども園教育・保育要領　第4章　子育ての支援　第2　幼保連携型認定こども園の保護者に対する子育ての支援
3　保護者の生活形態が異なることを踏まえ、**全ての保護者の相互理解が深まるように配慮する**こと。その際、**保護者同士が子育てに対する新たな考えに出会い気付き会えるよう工夫する**こと。

1 保育参加（保育参観）

保育所保育指針　第4章　子育て支援　2　保育所を利用している保護者に対する子育て支援
（1）保護者との相互理解
イ　保育の活動に対する保護者の積極的な参加は、保護者の**子育てを自ら実践する力の向上**に寄与することから、これを促すこと。

上記のとおり、保育所などでは、保護者自身の成長にもつながることから、保育参加（参観）が実施されてきました。保護者側には仕事を休むなどの負担がともなうことも配慮しつつ、有意義な時間となるよう、さまざまな工夫がおこなわれてきました。

保育実践とは、保育者が専門的な観点から立案した計画にそって、環境構成をしたり、子どもたちへの働きかけをおこなったりする営みです。子どもたちの保護者に、そのすべてを正確に理解してもらうのは難しいでしょうから、「何を見ていただくのか」「どのように理解してもらうのか」について、**事前に保育参加（保育参観）の目的を明確にしておくと、その意義も深まる**ことでしょう。つまり保護者が、**何のために、どのような形で、保育参加（保育参観）してもらうのかを明確にし、保護者にもこれらを共有してもらうよう働きかけましょう。**

たとえば、保護者に、**園での子どもの様子を理解してもらいたい場合**は（例：家での様子と違う、障がいの疑いなど）、**保育参観**という形で、クラス活動中の子どもの姿をじっくり観察できるようにしましょう。子どもが保護者の存在を気にして、普段の動きとは異なってしまう可能性がある場合は、保育室の外からレース越しに見てもらう、2階の窓から園庭を見おろしてもらうなどの工夫をすると、子どもには気づかれないでしょう。

保護者が、**子どもとのかかわり方を知りたい、園での遊びを体験したいなどと要望する場合**は、**保育参加**としてクラス活動に加わってもらうとよいでしょう。何かの特技をもっていたり異文化の経験をもつ保護者の場合は、「お母さん先生」「お父さん先生」として、子どもたちに特技やめずらしいものを披露してもらう機会を設けてもよいでしょう。

ストーリー⑩のように、その地域ならではの食べ物の場合、衛生管理や準備は大変ですが、とても印象に残るイベントになります。日本の折り紙が、海外ではとてもめずらしがられるように、その地域や国の子どもたちの普段の遊びを紹介してもらうのも、楽しいでしょう。

保育参加（保育参観）のあと、時間をあけずに個人面談や懇談会をおこなうと、クラスでの姿に対する感想を聞いたりすることができますし、保育のなかで気になる子どもの姿について具体的に伝えて話し合うきっかけにもなるでしょう。

● 支援のポイント
・それぞれの保護者にとっての保育参加（保育参観）の目的を明確にしておきましょう。
・保護者にも、その目的を共有してもらえるよう、働きかけましょう。
・子どもたちの会話や遊びなど、普段の園生活が見てもらえるよう工夫しましょう。
・保護者から保育参加（保育参観）の感想を聞き、よりよい保育実践や子育て支援に役立てるようにしましょう。

2 | 保護者懇談会

　保護者懇談会には、**園やクラスの方針を伝える**働きのほかに、**保護者同士が知り合い、親睦を深める**という大事な働きがあります。少子化により、子育て家庭の数も減少しているなかで、懇談会は保護者同士が直接的に顔を合わせ親睦を深める貴重な機会となります。保育所・幼稚園、認定こども園での人間関係は、そのまま小学校・中学校へと引き継がれることが多いこと、子ども同士のトラブルが親同士のトラブルにまで発展することが多い状況を考えると、**保育者がさまざまな保護者の間を仲立ちする**ことの意義は大きいことがわかるでしょう。

　保護者同士が顔見知りになり、家族ぐるみでつき合えるような仲になれば、かみつきなどのトラブルがあったとしても、お互いに相手の思いを想像することができます。さらに、子ども同士のやりとりのなかで、かみつきやケンカが、どのような意味をもつのか、あらかじめ保護者懇談会で話し合っておくと、保護者も冷静に事態をうけとめる余裕をもてるようになり、対応の厳しいクレームに発展することは少なくなるようです。

　保護者のなかには、さまざまな立場の人が含まれており、人とのコミュニケーション自体が苦痛な人や、大勢の人の輪に入るのに困難を感じる人もいます。ストーリー⑩のような日本語を母語としない保護者のほか、男性、障がいをもつ人、年配の人であっても、気兼ねなく保護者懇談会などに参加できるよう配慮することも保育者の大切な役割です。

●支援のポイント
・お互いの名前が覚えられるよう、名札や子どもの写真を用意し、身に着けてもらいましょう。
・緊張しがちな場をなごやかにする活動「アイス・ブレーキング」をしましょう（❸コラム：79ページ）。
・子どもたちの間で流行っている遊びを体験してもらうと盛りあがります。年長児クラスであれば「コマまわし」、2～3歳児クラスならば「はし遊び」などが適当でしょう。
・必要に応じて、手話（筆談）・点字・通訳（翻訳）などのコミュニケーション支援をおこないましょう。

3 | 行事

　行事とはあくまでも、子どもに対する保育実践の一環としておこなわれています。一方、**保護者にとっては、わが子の成長や園の保育内容を知る機会となり、「親」としての成長に大きく寄与します。**運動会や生活発表会など、毎年、同じ時期におこなわれる行事は、親にとっては、前年度の姿と比較したりすることで、子どもの育ちに気づく機会となります。

　たとえば、行事後におこなわれることの多い自由記述形式のアンケートでは「年少さんのころは泣いてばかりだったし、年中さんでは緊張して声がでなかったけど、年長さんでは堂々と演じることができて、成長を実感しました」といったコメントがよく見られます（二宮　2018）。

　また、夏祭りや焼き芋会などは、**地域の人にとっては、園のなかに足を踏み入れ、園児やその保護者たちと交流する機会になります。**近年、保育所の騒音問題がマスコミの報道により話題となっています

が、地域の人々と園のメンバーが顔見知りとなり、一緒に活動したり、親しく話したりすることで、地域の方々の不快感をやわらぐこともあるでしょう。

　その一方で、園の保護者にとっては、行事の準備・あと片づけ・つき添いなど、「お手伝い」を求められるという一面もあります。行事の実施にあたっては、園の保護者や地域の人々にとっても、どういう意味をもつのか、行事のねらいを明確にしておく必要があります。保護者が職員に対して過度に気をつかわなくてもすむよう、どこまで「お手伝い」としてお願いするのか、あらかじめ職員間の認識を統一させておきましょう。

　また、行事とは集団活動ですので、活動が円滑に進められるよう園として決まりごと（ルール）を明確にし、保護者にも理解してもらうよう周知しておきましょう。

● 支援のポイント
- セキュリティーの観点からも、参加者名簿や名札を用意しましょう。あらかじめ予定を聞いて、参加者リストを作成しておくとスムーズです。
- カメラやビデオによる撮影は、どこまで許可するのかルールを決めておきましょう。
- マナー（とくに禁止事項）は、事前に「お願い」のプリントを配布しておきましょう。注意するときに「プリントでお知らせしたように……」と説明すると、保護者も受け入れやすくなります。

4 自主活動

　原則として在園児の保護者がすべて参加する保護者会もあれば、有志によるサークルの場合もあります。バザーによる資金集め、絵本や図書コーナーの整備の手伝い、趣味のグループさまざまなテーマの講習会など、その活動内容はさまざまです。

　園としては、保護者達の自主性を尊重しつつ、スムーズに自主活動が進められるよう、側面的な支援をおこなっていきます。たとえば、園内の空き部屋を活動スペースとして無償で提供したり、ミーティングの際にオブザーバーとして園の職員が参加したりするほか（→ストーリー⑩29～33行）、すべての保護者に見えやすい場所に専用の掲示コーナーを設けたりする（→写真①の右側）といったことなどがあげられます。

写真①　保護者会の掲示板（右側）と職員紹介の掲示板（左側）（玄関ホールでもっとも人目につく場所に設置されている）

Column｜アイス・ブレーキング

　子どもとはすぐなかよくなれるけど、保護者とはどうしたらいいのやら……という悩みをもつ保育者は決して少なくないでしょう。最初に簡単なゲームなどをすると、お互いの名前を覚えたり、会話したりするきっかけとなります。こうした緊張をときほぐすための手法のことを「アイス・ブレーキング」といいます。以下に簡単なゲームと参考になる本を紹介します。

●名刺交換ゲーム
　小さなカードに自分の名前、そして特技・チャームポイント・好きな食べ物などをひと言だけ書いたものを10枚程度（会場の人数によって枚数を調整）書いておきます。そのうちの1枚は、自分の名札として着用します。3分程度の時間制限内で、自由に室内を移動して自己紹介しあい、できるだけ多くの名刺を集めるというゲームです。

●ジェスチャーゲーム
　誕生日あるいは起床時間をお互いにジェスチャーだけで伝え合い、一番早い人から遅い人まで順番に並び、手をつなぎます。制限時間がきたら（様子をみながら調整します）、一番早い人から順番に、誕生日あるいは起床時間と簡単な自己紹介をおこなうというゲームです。

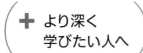 渡邉暢子『おとなに人気のふれあいあそび―保護者会・子育てひろば…おとなのためのアイスブレーキング集―』ひとなる書房、2008年

Lesson10のまとめ

「百聞は一見に如かず」ということわざにあるように、保護者にとっても、わが子の園生活を、直接的に見たり、体験したりすることで、保育実践への理解が深まり、安心して子どもを預けることができるようになります。また、保育者が保育参加などの機会をうまく活用することにより、保護者自身の子育てを実践する力の向上に、大きな効果をもたらすこともわかりました。

○×問題

1. （　）保育参観では、保護者もクラス集団の一員として、クラス活動に積極的に参加してもらう。
2. （　）保護者がわが子の様子をじっくり観察することを希望されたときは、保育参加をしていただく。
3. （　）保護者懇談会では、園の理念や保育方針を伝達するだけで十分である。
4. （　）園行事では、保護者の方々にどこまで「お手伝い」をお願いするか、職員で共通認識をもつ必要がある。
5. （　）保護者会などの保護者による自主活動に対し、保育者は積極的に援助をおこなう。

演習課題❸ Lesson10で学んだことをもとに気づきや感想を書こう。

より深く学びたい人へ

二宮祐子「『演じること』『観てもらうこと』を支える保育者の専門性」中坪史典編著『テーマでみる保育実践の中にある保育者の専門性』ミネルヴァ書房、2018年

　きらびやかなイメージや負担感の大きさのために、批判の対象となることの多い「発表会の劇」をとりあげ、子育て支援の観点から論じました。行事を通して、子ども自身の成長だけでなく、親と子の関係も深まり、保護者自身の親としての成長につながるまでのプロセスが描かれています。

予習におすすめの本

高山静子『子育て支援の環境づくり』エイデル研究所、2018年
　環境を構成する技術を保育者の重要な専門性として位置づけ、その基本的な考え方や原則について、豊富な写真を添えて、ていねいに論じた本です。地域子育て支援にも造詣の深い著者による本であるため、子育て支援のための環境構成を考える上で参考になります。

　次のLesson11では、「環境」を活用した支援プロセスが描かれています。保育における「環境」とは何か、「保育原理」や「保育内容総論」などのテキストで復習しておきましょう。

Lesson 11 環境を活用した子育て支援

Lesson11のねらい

◎ 子育て支援における環境の意義と特性について把握する。
◎ 環境をとおした子育て支援の方法の基本を理解する。

＋ ストーリーを読むにあたって……

『保育所保育指針』『幼保連携型認定こども園教育・保育要領』などには、子どもに対する保育は、「環境を通して」おこなわれることが明記されています。子育て支援でも、同じことがいえるではないでしょうか。「環境を活用した子育て支援」がどのようにおこなわれているのか、ストーリーや写真から学びましょう。

［登場人物プロフィール］

ヨウヘイくん

3歳児クラスの新入園児。第一子。それまでは育児休業や時短勤務を利用して、自宅や祖父母宅で過ごしてきた。

エリさん（ヨウヘイくんのお母さん）

銀行で経理の仕事をしている。自分自身は幼稚園出身であるため、保育所に通うのは、はじめて。

＋ストーリー⑪ 新入園児の保護者

　なかよし保育園3歳児クラスばら組の新入園児ヨウヘイくん。お母さんのエリさんは、お稽古ごとの多い幼稚園の出身で、銀行で経理の仕事をしている。ヨウヘイくんは、はじめての子どもなので、保育園に通うのは親子ともにはじめてだ。入園前の見学や面談のとき、保育園には大勢のスタッフがいるのにおどろいた。クラス担任だけで3人もいるので、覚えられるか不安になったエリさんだったが、玄関に写真入りの職員紹介の掲示板（→写真①）があったので、それを見て急いで名前を覚えた。

写真① 写真入りの職員紹介の掲示（玄関の靴箱の上に掲示されている）

　保育園には、着替えやタオルなど、こまごまとした持ち物がたくさんある。エリさんは、1つひとつ名前を書きながら、まだ字の読めないヨウヘイくんに自分の持ち物のありかがわかるのだろうか、と心配になった。入園の日、ばら組の保育室に行くと、ヨウヘイくん専用のロッカーがあった（→写真②）。着替えなど仕分けて入れるカゴ（→写真③）、手洗い場の前のタオルかけなど（→写真④）、ヨウヘイくんの持ち物を置く場所には、すべて専用のマークが貼ってあり、朝の支度の手順もわかりやすく掲示してあった（→写真⑤）。エリさんは、ヨウヘイくん専用のマークが目印となるので、幼い子どもでもすぐ

写真② 個人ロッカー（一人で縦一列を使用する）

写真③ 着替えカゴ（1回分の着替えセットが入っている）

写真④ タオルかけ（フックの部分を大きくして専用のマークも見れるようにしている）

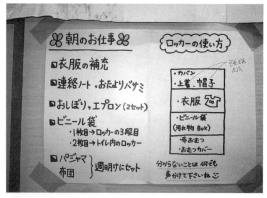

写真⑤ 支度の手順を示した掲示（ロッカーの上に掲示されている）

に物のありかがわかるだろうし、お父さんに送迎を頼むときにも迷わなくてすむだろうと、ホッとした。

さらに、部屋を見渡すと、オモチャのカゴや置場にもその写真が貼ってあるのにも気づいた（なるほど、このやり方なら、子どもにも片づける場所がひと目でわかるから、ヨウヘイも少しは自分で片づける気になるかもしれない。うちでもマネしてみようかしら……）と感心した。

慣らし保育が終わって、会社での仕事も本格的にまかされるようになり、エリさんにとってはあわただしい日々が続いた。定時に仕事を切り上げられるよう業務時間中は集中して仕事をこなし、退勤時刻になればあわてて机の上を片づけ、電車に飛び乗って、駅からは小走りで園に向かう。

写真⑥ 園の玄関前の植栽

写真⑦ 玄関ホールにある受付

インターホンを押して門を開けてもらうまでの間、呼吸を整えていると、玄関前の植栽が、風にそよいでサヤサヤと葉擦れをたてているのが聞こえた。その下には子どもたちのプランターがあり、ミニトマトやアサガオの苗が植えられていた（→写真⑥）。青々とした若葉をみていると、仕事のときから続いていた緊張感がゆるみ、なんとなくホッとした気分になれた。

「おかえりなさい」の声をうけながら、玄関ホールや受付を通り抜け（→写真⑦）、ヨウヘイくんの待つばら組に足を踏み入れると、クラスの壁に大きな鯉のぼりが飾られていた。よく見ると、ウロコは子どもたちの手形スタンプでできている。「もう、節句の季節か……」としみじみ眺めていると、あや先生がやってきて、子どもたちと手形スタンプをしたときのエピソードを話してくれた。

友達とブロックで遊んでいたヨウヘイくんも、いつのまにかそばに来ていて「ママ、ハッパのおモチおいしかったよ」と、エリさんの手を引いて廊下に出た。調理室横の展示までエリさんを連れて行き（→写真⑧）、ヨウヘイくんは、うれしそうに給食のエピソードを話し始めた。そこに、栄養士の先生がやって来て、「ヨウヘイくんね、『おいしい、おいしい』っていっぱい食べたのよ。おかわりも全部食べて、なくなって残念だったんだよね」と、展示の横に置かれていたレシピが書かれたカードをエリさんに手渡してくれた（→ストーリー⑥40ページ写真①）。

写真⑧ 給食の展示（奥ではトレーやワゴンの出し入れができる）

「じゃあ、ヨウくん、今度はお母さんが、お休みの日に、おうちでチマキつくってあげようかな」と思わずでてきたひと言に、ヨウヘイくんは「やったあ、お休みはやくこないかな～」と大はしゃぎ。よろこぶわが子の顔を見ながら「仕事を続けてきてよかった、この園に入れてよかった」とつくづく思うエリさんだった。

補足 慣らし保育：入園（転園）した子どもの保育時間を、最初は短時間から始めて少しずつ延ばしていき、子どもがスムーズに園生活になじむようにすること。保護者の勤務の都合や、子どもの状態により調整されるが、数日前後の園が多いようだ。

演習課題❶ ストーリーを読んで感じたことを、自由に書こう。

演習課題❷ 以下の問題に答えながらストーリーを読みこもう。

問題1 保育室内の環境構成において、子育て支援に役立つと思われるものを書きだそう。
　　　　 ┃ヒント┃ 子どもにとってわかりやすいものは、保護者にも同じ効果があります。

問題2 保育室外（園庭や廊下）の環境構成において、子育て支援に役立つと思われるものを書きだそう。

＋ ストーリーの社会的背景
　　フレックスタイム・短時間勤務（時短）・在宅勤務など、子育てと仕事を両立させるための制度は整えられつつありますが、子育て中の保護者（とくに母親）は、限られた短い時間のなかで与えられた職務をこなすため、多忙となっているケースが多いようです。一方、家庭では、日本における父親と母親の家事や育児の分担役割は、Lesson2でも説明したとおり、諸外国に比べても母親のほうに偏っています（●11ページの図表3）。

＋ ストーリーを深く理解するために……
　　あわただしく過ごしている保護者にとって、園とは、家庭でもなく、職場でもない特別な空間です。昼間、わが子が安心して生活を送る場であるだけでなく、園のインテリアそのものに安らぎや季節感を感じたり、展示された子どもたちの作品などから「育ち」を実感したりする場となります。

1 ┃ 環境をとおした子育て支援の意義

　ストーリー⑪から、子どもへの保育と同様に、**子育て支援についても「環境を通して行う」ことが効果的である**ことが読み取れたと思います。ただ、保護者の場合、子どもたちが遊ぶときのように、積極的に環境との相互作用をおこなうことは少ないかもしれません。

　しかし、保育者やさまざまな子どもたちの姿、保育者が入念に配置した園庭やクラス内の玩具・遊具類や児童文化財などから、子育てのヒントを得ることができるでしょう。このように、園は気軽に通うことができる**居場所**であると同時に、子どもの育ちにとってふさわしい地域の**子育てモデル**としての役割が期待されています。

Lesson11 │ 環境を活用した子育て支援

2 │ 子育て支援にふさわしい環境の特性

　子育て支援において「環境を通して行う」という保育方法を効果的におこなうために、保育者はどのような物的環境や人的環境を構成すればよいのか、その特性について述べます。

（1）物的環境

　園とは、日々大勢の子どもや大人が出入りし、保育に必要なモノが大量に存在する空間です。このため、保育者が、入念に環境構成しないかぎり、温かみのあるくつろいだ雰囲気を醸しだすことは難しいのです。

　アニメや漫画のキャラクターや、けばけばしい色彩が目に飛び込んでくるような空間ではなく、**自然の素材を生かしたシンプルで落ち着いた空間**が望ましいでしょう。そのような環境構成には、いくつかのポイントがあります。

●支援のポイント

- ・空間を多目的に使えるよう、可動性や可変性の高いインテリアにしましょう。
- ・大きな面積をとるファブリックや家具は、あざやかな色彩や強いコントラストは避け、白やベージュなど、控えめな色使いにしましょう。
- ・家具はできるだけ自然素材を使い、植物を適度に配置しましょう。
- ・小物を配置する場合は、季節感に留意し、まめにとりかえましょう。

（2）人的環境

　待機児童問題の報道などで、保育所を「騒音施設」とみなす人がいることが明らかになったように、日中は子どもたちにとって強い刺激があふれている場です。落ち着いた雰囲気の空間にするためには、まず、**保育者がモデルとなって適切にふるまう**必要があります。

　話すときの音量だけでなく、服装・表情・しぐさ・声のトーン・タイミングにも留意しましょう。また、バタバタと落ち着きなく動き回らなくてもすむよう、その日の活動内容の準備を入念におこない、スムーズな動線で移動できるようにしましょう。安易にBGMを流したり、マイクを使ったりすることも避けたいものです。保護者も**子育てのモデル**として、保育者の振る舞いをしっかりと見聞きしていることを、常に意識しておきましょう。

11

3 環境をとおした子育て支援の方法

環境をとおした子育て支援には、以下に5つ示すように、さまざまな目的のもとでおこなわれています。その支援方法について、基本的な考え方を中心に説明します。

(1) 保護者自身がくつろげる場の環境構成

乳幼児を育てている保護者は、家庭でも、勤務先でも、時間に追われて余裕がない状態にある人がほとんどです。とくに、一人親家庭や、日本語を母語としない家庭、非正規雇用で就労している家庭、子どもに障害がある場合などは、より厳しい状況に置かれがちです。このような困難を抱えている家庭には、まず、**子どもも、保護者自身も、大切にされているという安心感をもつことができる**場を提供することが、支援の第一歩となります。また、園庭や室内のインテリアをとおして、忙しい生活を送っていると気づきにくい季節感や伝統行事を意識するきっかけを提供することができれば（◯83ページ写真⑥）、保護者自身の生活の質を向上させることにもつながるでしょう。

(2) わが子への気づきと養育力の向上をうながす場の環境構成

インターネットを検索すれば、さまざまな子育てに関する情報があふれかえっています。しかし、保護者にとって「わが家の育児で本当に使える情報」を判別し、これを実行に移すことは簡単ではありません。一方、保育所や認定こども園では、目の前で保育者が子どもとかかわっているので、観察したり、質問したりすることで、**1人ひとりにあわせたオーダーメイドの育児情報を得る**ことができます。

養育行動とは、自分が育ててもらった体験や記憶から大きな影響を受けます。あまり適切ではない養育環境で育った場合や子育てのモデルとなる人が身内にいない場合でも、**保育者の立ち振る舞いから望ましい養育行動を学ぶ**ことができることでしょう。

また、園内のさまざまなコーナーは、絵本や玩具など、保育者により選び抜かれた児童文化財などが置かれ、子どもの発達段階と興味・関心に合わせた遊びが展開できるよう空間構成されています（◯写真⑨、写真⑩）。見た目や流行に左右されない児童文化財や遊び空間を見ることは、家庭での余暇の過ごし方を充実させることにつながるでしょう。絵本の貸し出しも、ほとんどの園でおこなわれています。

(3) 園の保育実践への理解を深める場の環境設定

きょうだいが減り、地域に子どもが少なくなった現代社会では、保護者にとって園は、子ども集団のなかでのわが子の姿をみることができる唯一の場となって

写真⑨ ままごと遊びの人形の展示コーナー（階段のおどり場の窓の下を活用。さまざまな民族の人形を置くことで多文化にふれる機会を設けている）

写真⑩ 絵本のコーナー（玄関にあり談話スペースとしても利用している）

Lesson11 | 環境を活用した子育て支援

いるケースが多いはずです。また園内に作品を展示することは、クラス活動や行事へのとりくみの様子を知る機会の提供することになります。

(4) 保護者同士の交流をうながす場の環境構成

地域での人と人のつながりが難しくなっている現代社会において、保護者同士が交流を深めることを支援することは重要です。専用の掲示用スペース（●78ページ写真①右側）、連絡用ポスト（●71ページ写真⑤）などを設置し、情報交換がしやすいように環境を整えましょう。また、会議や打ち合わせが気軽にできるスペースを確保しておくのも大事です。また、保護者が交流している間、子どもを見守ったりする人がいなくなってしまうことがあります。子どもの安全はどのように確保するのかについて、ルールづくりをしておくと、トラブルを未然に防ぐことができるでしょう。

(5) 地域との交流をうながす場の環境構成

保護者自身が生まれ育った場所と子育てしている場所が異なる場合、年齢が小さいころから保育所を利用している保護者ほど、自宅・保育所・職場との行き来だけで毎日が過ぎてしまい、地域社会との接点が少なくなる傾向があります。子どもを園に通わせている保護者が、子連れで地域に出る機会が増えるよう、**子育てガイドブックや社会資源マップ**による情報提供するとよいでしょう（●96ページの図表5）。

一方、子どもを通わせていない保護者にとって、保育所や認定こども園などは、地域の子育て資源の1つです。**地域の人ならば誰でも気軽に園内に足をふみ入れやすいように配慮する**ことも必要です。そのような試みとして、行事や園設備の開放のほか、中高生や学生のキャリア体験教育や、ボランティアの受け入れがおこなわれています。

Column | **カラーユニバーサルデザイン：「20人のお父さんのうち1人は見え方が違う!?」**

生まれつき色の見え方が異なる「色覚異常」と呼ばれる人々がいます。男性で20人に1人くらい、女性で数百人に1人くらいの割合です。園の場合、幼児クラスであれば、お父さんのうち誰か1人は該当するわけです。

色覚異常には、いろいろな種類がありますが、日常生活のなかでは、**緑色と赤色の識別で困る人が多い**ようです。実際、筆者の勤務していた保育所でも、黄緑の画用紙に赤いマジックでお知らせを書いて掲示した際、ある保護者から「読み取れない」と指摘されてはじめて、配慮が足りなかったことに気づき、謝罪したことがありました。同様に、黒板の文字を目立たせるために赤色のチョークを使った場合も、わかりにくくなります。

保護者の場合、色覚異常をもっていることを、自ら申し出てくれることはほとんどないでしょう。したがって、園内に色覚異常の保護者がいるかどうかに関係なく、**掲示物などを作成するときは、誰にとっても識別しやすい色づかいを心がけましょう**。

◆参考文献◆
彼方始・NPO法人カラーユバーサルデザイン機構『学校のカラーユニバーサルデザイン』教育出版、2013年

演習課題❸ 実習先やボランティア先の園などで、環境をとおした子育て支援がどのようにおこなわれていたか思い出し、書き出そう。

➕ Lesson11のまとめ

環境構成は、保育者の専門性のなかでも非常に重要な技術です。子どもに対する保育の観点だけではなく、子育て支援の観点も加えて、環境構成をすれば、園生活全体の質を向上させることにもつながることがわかりました。

➕ ○×問題

1. （　）保育実践における環境とは、園内の物品の配置のみをさす。
2. （　）子育て支援では、物的環境のみが活用される。
3. （　）保護者が園内で交流している間、子どもの安全確保は保護者自身でおこなう。
4. （　）保育者が室内の環境設定をする際、子育て支援の観点も入れる必要がある。
5. （　）保護者が子育ての情報を必要する場合、インターネットの検索で必要かつ十分な情報が得られる。

演習課題❹ Lesson11で学んだことをもとに、気づきや感想を書こう。

➕ より深く学びたい人へ

塩美佐枝・新澤誠治・佐々木水緒子『保育環境プランニングブック1―0・1・2歳児の保育環境―』チャイルド本社、2001年

やや古い本ですが、環境構成について正面から取り組んだ点が画期的で、今も学ぶところの多い本です。子どものための環境構成だけではなく、園に通う保護者への支援や地域子育て支援についても、写真を豊富に使いながら、わかりやすく解説されています。3・4・5歳児を対象とする本書の続編もあります。

➕ 予習におすすめの本

新澤誠治『「みずべ」にはじまった子育てひろば』トロル出版部、2014年

元保育園長・地域子育て支援センター長でもあり、地域子育て支援の理論化に貢献してきた著者による「みずべ（江東区子ども家庭支援センターの通称）」の創設期から現在に至るまでの記録。利用者や実践者からの声だけでなく、区役所をはじめとする他機関との連携など、地域子育て支援の職務内容について具体的に学ぶことができます。

近年、地域子育て支援の実施場所が増えただけでなく、そのメニューも多彩になり、多くの保育者が地域子育て支援に携わるようになりました。Lesson12では、保育所に併設された地域子育て支援拠点を利用する、未就園児と専業主婦のストーリーを通して学びます。「子ども家庭福祉」や「子ども家庭支援論」のテキストに目をとおし、地域子育て支援拠点事業について予習しておきましょう。

地域子育て支援拠点における支援

Lesson12のねらい

◎ 地域子育て支援拠点におけるおもなサービス内容と支援方法を知る。
◎ 地域子育て支援拠点を利用する保護者の心理について理解する。
◎ 地域の保護者とかかわる際にとるべき姿勢を習得する。

＋ ストーリーを読むにあたって……

皆さんの身近な知り合いのなかに、専業主婦もしくは専業主夫として子育て中の人はいますか？　子育て支援を学んでいる人にとって、仕事をしながら子育てをする保護者は、比較的身近な存在で、その家庭生活について理解することは、それほど難しいことではないでしょう。しかし、専業主婦・専業主夫の家庭生活を具体的に思い描いてみたり、悩みに共感したりすることは、案外むずかしいかもしれません。ストーリー⑫を読みながら、想像を膨らませてみましょう。

［登場人物プロフィール］

ハルくん
1歳の男の子。まだ就園していないため、母親と2人ですごすことが多い。

ナナさん（ハルくんのお母さん）
24歳の専業主婦。短大を卒業後、まもなく結婚してハルくんを出産。家族や知人の手助けのないまま、1人で子育てに奮闘している。

タクヤくん
ハルくんと同じ月生まれの男の子。

タクヤくんのお母さん
30歳の専業主婦。ひだまりの常連。

＋ストーリー⑫ ひろばデビューの専業主婦

ナナさんは24歳、夫と１歳のハルくんの３人家族である。短大を卒業して保育士として勤務していたが、妊娠を機に退職し、専業主婦となった。イクメンになってくれるだろうと期待していた夫は、ハルくんのことはかわいがってくれるものの、残業や休日出勤に追われ、家事や子育てを手伝う余裕はない。

ナナさんの実家は隣町にあるが、両親は共働きしながら祖父の介護もしており、孫の相手までは手が回らない。夫の実家は遠方である。友達は結婚していない人がほとんどで、仕事（保育）や恋愛の話題で盛りあがるなか、ナナさんから子育てや家事の話題を切り出すのは気がひけてしまう。

平日、ナナさんは、ハルくんを１日１回は外に連れだすようにしている。活発なハルくんは、家のなかだけで過ごしていると機嫌が悪くなるし、夜、なかなか寝てくれないからだ。ただ、近所の公園は、遊具も古く、砂場にもゴミが落ちており、子どもの姿はない。電車やバスで、市役所のそばにある大きな公園まで行けば、同年代の親子がいることはわかっているものの、荷物・ベビーカー・ハルくんをかかえて移動するには、かなりの気力と体力が必要である。毎日通うのは難しく、ママ友と呼べるような知り合いはできなかった。

そんなとき、近所の保育所に地域子育て支援センターがあることを、自治体の子育て支援アプリで知ったので、さっそく行ってみた。外から窓越しに、なかをうかがってみたところ、お母さんたちがお喋りをしているのが見えた。ナナさんにとっては世代の異なる40歳前後の人ばかりで、「この人たちと一緒に過ごせるのかしら……」と不安になり、結局、ベビーカーを押して家に帰ってしまった。

それから、地域子育て支援センターの近所を通りかかることはあっても、インターホンを押す勇気まではなく、外遊びができなくてハルくんの機嫌がわるくなると、「いけない」とは思いつつも、スマホを与えてしまう日が続いていた。

そんなある日、１歳半健診をうけるために保健センターに出かけた。名前を呼ばれるまでの時間、大広間の中央に敷かれたゴザの上で、子どもを遊ばせながら、親子で待ち時間を過ごすことになっていた。子どもたちは、思い思いにミニカーや人形などで遊んでおり、その輪の中心にエプロンをつけた保育者らしい人がいた。

やがて、その人は手遊びで、親の膝の上に子どもを座らせるよう誘導し、パネルシアターの実演後（→イラスト①）、「なかよし保育園の保育士、川崎あやです。うちの園には、地域子育て支援センター『ひだまり』もあります。なかよし保育園では園庭開放や絵本の貸出もしていますし、『ひだまり』では「子連れカフェ」もやってます。ぜひ、遊びにきてくださいね」と、１人ずつチラシを手渡していった。ナナさんは、自分と同年代のあや先生からチラシを受け取りながら「この人なら気軽に話せるかも……」

イラスト① パネルシアター

という気がした。

　翌日、思い切って「ひだまり」の門をくぐった。受付にある登録用紙に記入している間（→イラスト②）、みどり先生がハルくんの相手をしてくれた。そして、近くにいた親子に「同じ8月生まれの山田タクヤくん。こちらは川本ハルキくん、なかよくしてね」と紹介したあと、子どもたち2人と一緒にブロックで遊び始めた。

　みどり先生の仲立ちで子どもたちがなかよく遊んでいると、タクヤくんのお母さんが話しかけてきた。タクヤくんのお母さんは、ナナさんとは少し年が離れているが、子どもの好きな遊びや好みのメニューなどしゃべっているうちに話が盛りあがった。タクヤくんのお母さんもお菓子づくりなど、ナナさんと同じ趣味をもっていることがわかると、年の差のことは気にならなくなっていった。

　「今度ね、みどり先生と協力して、親子クッキング講座をやることになってね、メンバー募集中なの。講習会の間、ハルくんはメンバーの子どもたちと一緒にお互い見合うから大丈夫。手伝ってもらえないかしら」というタクヤくんのお母さんの誘いに、うれしさのあまり「ハイ」と即答したナナさんだった。

イラスト②　受付（はじめて訪れた親子には、受付で登録用紙を記入してもらう）

重要 イクメン：「育児（イクジ）をする男性（メンズ）」の略語で、積極的に育児に携わる男性のことをさす。

補足 乳幼児とスマートフォン：調査結果によれば、0〜3歳の68.5％が、スマホに接触しており子どものスマートフォン利用開始の年齢も、年々、若年化している。（総務省情報通信政策研究所　2015）。

補足 保健センター：身近な地域における保健サービスの拠点。乳幼児健康診査（健診）のほか、予防接種や子育て相談などもおこなっている。

重要 1歳半健診（1歳6か月児健康診査、乳幼児健康診査）：1歳半（〜2歳未満）児を対象に市区町村で実施される。歩行や発話など発達上の問題を早期発見し、早期対応につなげていく。集団検診として、地域の保健センターで実施されることが多い。

演習課題❶　ストーリーを読んで感じたことを、自由に書こう。

演習課題❷　以下の問題に答えながらストーリーを読みこもう。

問題　『ひだまり』に通う前のナナさんの平均的な平日1日のスケジュールを想像し、上側に育児（ハルくんの動き）、下側に家事その他の動きを書こう。

　　[ヒント] ハルくんがどのようにして過ごしているのかも考え、ナナさんが家事と育児を同時に進めていく様子を想像しよう。

＋ ストーリーの社会的背景

保育や子育て支援を必要としているのは、共働き家庭だけではありません。園に子どもを預けて働いている母親よりも、むしろ**専業主婦である母親のほうが、子育ての負担感を強く感じている**ことが、調査で明らかにされました（●図表1）。

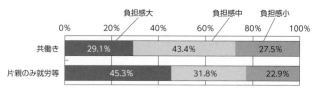

図表1　子育ての負担感

（出典：(財)こども未来財団「平成12年度子育てに関する意識調査事業調査報告書」2001年）

3歳未満の子どものいる家庭の大半がまだ就園していないことを考えあわせると、地域子育て支援の重要性がよくわかります。地域子育て支援センター「ひだまり」に訪れる前のナナさんのように、夫や祖父母が健在でも、孤独に子育ての苦労を抱えて込んでいるお母さんは大勢いるのです。

＋ ストーリーを深く理解するために……

専門職から見て、支援を受けたほうがよいと思われる状態にもかかわらず、支援につながらないケースが、しばしば問題になっています。とくに、子どもがかかわる問題（例：虐待、障がい）では、保護者が専門職との連携に消極的である場合、早期発見・早期対応が難しくなります。

ストーリー⑫（90ページ8～20行）でも、ナナさんが『ひだまり』に通えなかった時期、ハルくんと2人でスマホ相手に引きこもってしまう危険性もありました。自ら支援機関につながっていく力が弱いケースでは、専門職のほうから支援を必要としている人のもとにまで出向いて働きかける**アウトリーチ**の手法が効果的であることが、よくわかります。

1 保育所・認定こども園などで実施されることが多い地域子育て支援サービス

（1）園の開放

1990年代から、ハードとソフトの両面から、園の開放が積極的におこなわれてきました。ハード面は、**園庭開放**、**園文庫開放**による絵本の貸し出しなどです。近所に子どもが安全に遊べるように管理された公園や図書館がない人にとって、園に足を踏み入れるきっかけになってきました。ソフト面は、園の**行事の活用**です。ストーリー⑩のように、お祭りやバザーなど、園内に地域の人を招き入れ、飛び入りでも参加しやすく、楽しめるイベントを積極的におこなってきました。

ただモノや場・機会を提供するだけでなく、さりげなく遊びに誘ってみたり、話しかけたりするなど、体験を共有していくことが大切にされています。

（2）保育者の専門性を生かした活動の提供

ストーリー⑫（90ページ21～36行）で、あや先生が手遊びやパネルシアターの実演を披露した**出張ひろば（出前保育）**は、未就園の親子にとって、保育者が子どもたちとともに育んできた児童文化財にふれる貴重な機会となります。ほかにも、行事や活動を園の子どもたちと一緒に楽しむ機会を設け、地域の親子と園児がふれ合えるよう配慮したり、クラス活動に積極的に参加してもらう**体験保育**もおこなっ

てきました。

地域の親子にとっては、幼児教育や保育にふれる機会となり、家庭や地域では経験できない集団活動を体験する貴重な機会となります。

（3）一時預かり

短期間の就労や冠婚葬祭などのほか、保護者自身のリフレッシュのための**レスパイトサービス**など、さまざまなニーズをもとにおこなわれています。通常の保育以上に、1人ひとりの子どもの心身の状態に注意し、ていねいな対応が必要です。

2 | 地域子育て支援拠点とは

「拠点」とは、活動の足場にする場所をさしています。地域子育て支援拠点とは、**おもに0〜3歳の乳幼児とその保護者を対象として、気軽につどい、交流したり、子育ての不安・悩みを相談したりすることができる場**をさします。地域住民であれば誰でも気軽に立ち寄ることができる公共施設・保育所・認定こども園・児童館などを活動の場として、さまざまな組織や個人が参加し、地域の子育て力の向上を目指しています。

地域子育て支援活動は、1990年代より2つの流れで展開されてきました。1つは、保育所における**保育所地域子育てモデル事業**からの流れで、上記のように、園庭開放、園文庫開放、体験保育などが実施されてきました。もう1つの流れは、地域の人々による**ひろば活動**で、居場所づくりなどがおこなわれてきました。現在、それらは**地域子育て支援拠点事業**として再編成され、全国に7,063か所、0〜4歳人口1,000人あたり1.4か所の割合で存在しています（厚生労働省　2017）。

3 | 地域子育て支援拠点を利用する保護者の心理

ストーリー⑫（90ページ14〜20行）では、最初、ナナさんは「ひだまり」の門の前まで行きながらも、なかに入ることができませんでした。保護者が地域子育て支援拠点に、いつでも気軽に通えるようになるまでには、心理的なハードルがあることが多いようです。この点について、渡辺らが実施した2つの意識調査から考えてみましょう。

図表2に示すとおり、保護者が地域子育て支援拠点に通いはじめる前には、慣れない環境や人間関係に不安感をもつ人が存在し、それが解消される場合もあれば、そうでない場合もあることがわかります。

細かくみていくと、「②活動についてよく分からない」は、利用後に不安がほぼ解消されていますが、「③スタッフに自分や子どもが受け入れられるか」については、利用中でも不安が残る人がいます。「④子どもの発達について指摘をうけるか」でも不安感が継続しているように、わが子が順調に発達しているかどうか自信のない保護者の場合、本来そういう人ほど地域子育て支援拠点を積極的に活用すべきですが、実際には消極的になってしまうようです。

「⑤他の利用者に自分や子どもが受け入れられるか」や「⑥子育ての仲間をうまくつくれるか」となると、最初に不安を感じていた人のうち2割以上の人に不安な気持ちをもち続けています。つまり、**保**

図表2　地域子育て支援拠点の利用の際に感じた不安

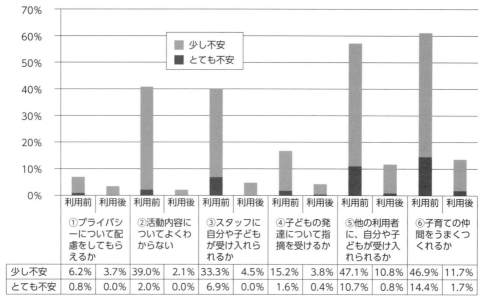

注：表中の数値は％。（出典：渡辺・橋本『地域子育て支援拠点ガイドラインの手引　第2版』中央法規、2015年）

護者同士の人間関係がうまくつくれず悩んでいる人がおり、地域子育て支援拠点に通い続ける上でのハードルとなっていることがうかがえます。

　一方、地域子育て支援拠点に通うことで、よい効果がもたらされることが、図表3からわかります。**孤立感の減少、精神的な負担感の減少**などのマイナス感情が軽減されるだけでなく「他の親子のために自分ができることを考えるようになった」など、**相互の助け合いにむけた気持ちも育まれていく**ようです。

　このように、保護者が地域子育て支援拠点に通い続けることができ、サービスを使いこなせるようになるよう、スタッフが1人ひとりのニーズにあわせて、きめ細かく対応していく必要があります。

図表3　ひろば活動が利用者にもたらす効果

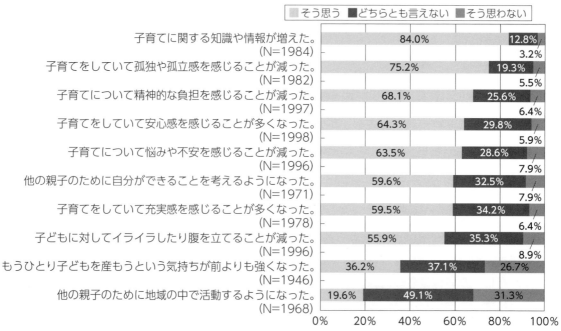

（出典：渡辺・橋本『地域子育て支援拠点ガイドラインの手引　第2版』中央法規、2015年）

4 地域子育て支援拠点の基本事業の内容と支援方法

厚生労働省が定めた地域子育て支援拠点における4つの基本的事業内容にそって、保護者とかかわるためのポイントをみていきましょう。

(1) 子育て中の親子の交流の場の提供と交流の促進

Lesson11（86～87ページ）で学んだように、保護者にとっても居心地がよく、気軽に通いつづけたくなるような場となるよう、入念に環境構成しましょう。また、単にスペースを提供するだけではなく、適宜、保育者も同席し、保護者たちにもさりげなく働きかけていきます。

図表4　保護者たちの人間関係（バラバラ型→分離グループ型→親和型）

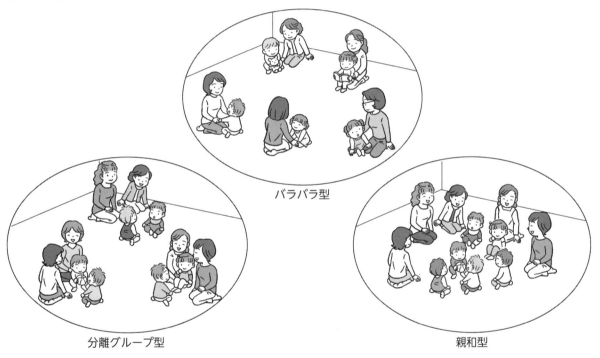

（出典：渡辺・橋本『地域子育て支援拠点ガイドラインの手引　第2版』中央法規、2015年よりイラスト作成）

図表4は、地域子育て支援拠点を利用する保護者たちの人間関係が、バラバラ型→分離グループ型→親和型へと移行していく様子を示したものです。**バラバラ型**では、親子だけで気に入ったおもちゃで別々に遊んでいます。この場合、おもちゃに飽きてしまえば通うのをやめてしまうかもしれません。

しかし、気のあう友達とのグループができれば、おもちゃや行事目当てではなく、なかよしグループで過ごすために通い続けるようになります。ただ、このような**分離グループ型**の人間関係は密度が濃い分、友達以外の人には排他的になったり、こじれてしまった場合には通えなくなったりする恐れもあります。

親和型のように、友達の輪が大きく広がって大きな1つの輪となり、輪のなかにいる全員がお互い適度にかかわれるようになると、保護者同士の自主活動や助け合いがうながされ、さまざまな活動がより活発になっていきます。

このような人間関係が形成されるためには、まず、**保育者が保護者との信頼関係を築き**、さらにその

土台の上に、子育て支援拠点につどう大人や子どもの誰もが顔見知りとなって気軽に交流できるよう、**人々のつながり**の橋渡しをしていくことが大事です。

(2) 子育てに関する相談・援助

スタッフが保護者にとってもっとも身近な相談相手となることを目ざします。保護者との信頼関係を築くためには、まず、親と雑談したり、子どもと遊んでみたりすることからはじめてみましょう（ストーリー⑫91ページ42〜52行）。楽しい気分を共有することで、距離が縮まり、心配や悩みなども気軽に話せる関係になるでしょう。

ただし、虐待や障がいなど、**相談や援助の内容が、高度な専門的知識・技術が必要な場合には、保育者1人で抱え込まずに専門機関につなぐ必要があります**。そのためには、要保護児童対策地域協議会など、地域の子育て支援ネットワークに参加し、まず担当者同士が顔見しりになり、連携できる体制をつくっておくことが大事です。保護者自身は気づいていない場合や、あるいは制度の利用をためらっていることもありますが、そうした場合でも、粘り強く保護者が受け入れられる方法で働きかけ、支援につなげていきましょう。

(3) 地域の子育てに関連する情報の提供

どのようなサービスを、どのようなときに利用できるのか、その地域で利用可能な社会資源を地図上に並べて、視覚的に示すと好評のようです。各地方自治体でも「子育てマップ」などの名称で、パンフレットの冊子やPDFファイルを作成していることとが多いので、これを活用してもいいでしょう（図表5）。

ただし、**保護者は実際に利用した人の体験談を聞きたがっていることが多い**ので、利用者の口コミをじょうずに活用できるとよいですね。たとえば、ポスターの場合、サービス機関の連絡先だけでなく、実際に利用した人の感想を付箋紙などにメモして貼りつけてもらったりして掲示すると、生きた情報を届けることができるでしょう。

図表5　社会資源マップ

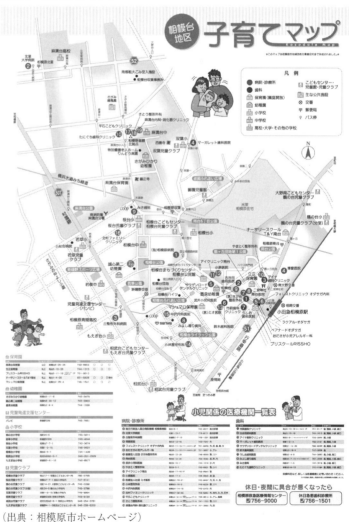

（出典：相模原市ホームページ）

（**4**）子育て支援に関する講習会などの実施

　地域子育て支援拠点では、講習会（講座、学習会）だけでなく、お楽しみ会・おまつり・伝統行事などのさまざまな行事が開催されています（ストーリー⑫91ページ59〜61行）。これらの行事は、通い続けているメンバーにとっては同じようなことをくり返す日常生活に刺激を与える効果があります。新規のメンバーにとっては、その場に入ってくるきっかけになります。

　このため、**誰でも気軽に参加できるイベントを企画する**必要があります。基本的には、子連れでの参加になるので、子どもの安全対策は入念におこないましょう。学習会など、参加者に集中してとり組んでほしいときには、その間、子どもは別の場でスタッフがみるように手配したほうがいいかもしれません。

演習課題❸　地域子育て支援拠点を訪ね、どのようなサービスを実施しているか調べて書こう。

例：○○市（○○区）における地域子育て拠点リスト（20XX年XX月）

名称	住所もしくは最寄り駅	電話番号	サービス内容

Lesson12の まとめ

　地域子育て支援拠点における基本的な事業内容や、地域の保護者の方々とのコミュニケーションの取り方について学びました。地域子育て支援が保育士や保育教諭の業務として法的に位置づけられてから日が浅いため、その支援内容や方法については手探り状態の部分も残っています。しかし、社会からは地域の子育て力の向上にむけて、大きな期待が寄せられています。

○×問題

1. （　　）地域における子育て支援には、①地域の子育ての拠点としての機能と②一時保育がある。
2. （　　）要支援児童とは、①保護者に監護させることが不適当であると認められる児童と②保護者のいない児童をさす。
3. （　　）地域子育て支援では、単なる場所の提供だけでは不十分である。
4. （　　）地域子育て支援拠点事業では、一般型と協働型の2種類がある。
5. （　　）出張ひろばのように、支援を必要とする人のところまで出向くことを、アウトリーチという。

演習課題❹　Lesson12で学んだことをもとに、気づきや感想を書こう。

より深く 学びたい人へ

子育て支援者コンピテンシー研究会編著『育つ・つながる子育て支援―具体的な技術・態度を身につける32のリスト―』チャイルド本社、2009年
　保育士に限定せず、「ひろば」などの地域子育て支援に携わる人々にむけ、具体的なコミュニケーションの取り方や室内の環境設定の方法について、豊富な写真とイラストがわかりやすくに示されています。

予習に おすすめの本

りさり『きみとうたった愛のうた』新書館、2014年
　児童養護施設で小学生まで過ごした著者による『いつかみた青い空』の続編漫画。児童養護施設について解説したコラムもあります。描かれている内容が現状とは異なる点はあるものの、施設で暮らす子どもにとって、施設がどのような場であるのか、わかりやすく描き出されています。また、施設保育士による家庭支援について考えさせられるストーリーも含まれています。

　Lesson13では、乳児院における子育て支援についてストーリーを通して学びます。入所型の児童福祉施設について、「社会的養護」などで学んだことをふり返っておきましょう。

Lesson 13 入所施設における子育て支援

Lesson13のねらい

◎ 入所施設で保育者がおこなう子育て支援の基本について理解する。
◎ 入所施設を利用する保護者の傾向について知る。
◎ 入所施設を利用している保護者とかかわる際にとるべき姿勢を習得する。

（＋ ストーリーを読むにあたって……）

　ストーリー⑬では、乳児院「愛児園」が舞台となります。乳児院では、入所している子どもたちの養育だけでなく、乳児院を退所して家庭で過ごせるよう、ファミリーソーシャルワーカーと連携して、さまざまな家庭支援のとり組みがおこなわれています。担当制の職員配置のなかで「愛児園」の保育者たちが、どのような家庭支援をおこなっているのか、読み取っていきましょう。

［登場人物プロフィール］

ショウくん

数年間にわたる不妊治療の末、ようやく誕生した男の子。お母さんが入院したために、乳児院で暮らしている。

ショウくんのお母さん

産後うつ病になり、入院。現在、通院で治療中。

ショウくんのお父さん

お母さんの看病と並行して乳児院に通い、ショウくんと面会などをしている。

＋ストーリー⑬ 子どもと向き合うことに困難を感じる保護者

ショウくんは、数年間にわたる不妊治療のかいもあって、ようやく誕生した7か月の男の子。しかし、お母さんは治療の疲れや女の子を望んでいたことなどが重なり、産後うつ病を発症して入院し、ショウくんは乳児院「愛児園」に入所した。お母さんは退院後も、育児や家事の気力がわかない状態が続き、お父さんが仕事の合間をぬって、家事やショウくんの面会をしている。

ショウくんの退所にむけ、お父さんと話し合いを続けた結果、少しずつ帰宅回数や日数を増やしていくことで、お母さんの負担が急に増えないようにするという支援計画がようやく決まった。しかし、その3日後、お父さんから次の帰宅を中止したいという連絡がかかってきた。そこで、帰宅ではなくお父さんとの面会に変更し、さらに、担当保育者とファミリーソーシャルワーカーの2人で詳しく話を聞くことにした。

お父さんによれば、「母親のうつ病はかなりよくなったものの、ショウに対して、どのように接してよいかわからないと悩んでいる。母親自身が、母子2人だけの家庭に生まれ育ったために、男の子に対してどうふるまえばいいのかわからないようだ。このため、育児に自信がもてず、ショウの帰宅を不安に思っているようだ」とのこと。

そこで、ショウくんの帰宅の前に、園内でお母さんと一緒に過ごしてもらう時間をとることを提案した。担当保育者がショウくんとかかわる様子を観察してもらったり、担当保育者が仲立ちするなかでショウくんとやりとりすることで、お母さんに少しずつ自信をつけていってもらおうというわけだ。

お父さんもお母さんもともに、この提案をうけ入れ、最初はお父さんにもつき添ってもらいながら、帰宅前には半日程度、園内で一緒に過ごすことになった。その際、担当保育者からショウくんとのかかわり方や好きな遊びを実演しながら伝えたり、お気に入りの玩具や絵本も貸出したりした。また、帰宅中には折をみて、担当保育者が様子うかがいの電話を入れた。

このようなやりとりを続けていくうちに、お母さんの顔色が少しずつ明るくなり、不妊治療や出産のときの苦労、相談したり預かったりしてくれる親族や友人がいないことなどを話してくれるようになった。そこで、ショウくんの地域の子育て支援センターや子育て支援に熱心な幼稚園などの所在地を調べ、紹介したりした。

やがて、預かり保育もやっている幼稚園の満3歳児クラスへの入園が決まり、ショウくんは退所することができた。お母さんの精神科への定期通院が続いていることもあって、アフターケアとして、担当保育者とファミリーソーシャルワーカーが連携して様子うかがいの電話を定期的に入れている。先日の様子うかがいでは、ショウくんのいたずらのエピソードを話し、「男の子って、手がかかるけど、ホントかわいいわね」と明るく笑うお母さんの声が電話口まで響いてきた。

補足 乳児院：家庭での養育が困難な子ども（原則として0〜2歳）を入所させて養育をおこなう。一時保護や障害児や病児などの専門的養育も実施している。入所期間は約半数が半年以内に退所する。入所中の家族支援だけでなく、退所した子どもと家庭へのアフターケアもおこなう。

補足 産後うつ病：出産後の女性の10〜15％が発症するというデータもあるように（日本子ども家庭総合研究所　2009）、出産後の女性はうつ病のリスクが高い。適切な医療を欠く場合、無理心中や虐待に発展することもある。

重要 アフターケア：支援の終結後に、子どもや家族の生活状況に変化があったとき、いつでも支援できるように体制を整えておくこと。自ら支援を申し出ることが困難なケースにも配慮した体制づくりが目指されている。

重要 ファミリーソーシャルワーカー：家族単位の問題をあつかい、親子関係の再構築を支援する。乳児院・児童養護施設などでは「家族支援専門相談員」として必ず配置され、早期家庭復帰のための相談援助や退所後のアフターケアなどをおこなう。

演習課題❶　ストーリーを読んで感じたことを、自由に書こう。

演習課題❷　以下の問題に答えながらストーリーを読みこもう。

問題1｜退所前に乳児院では、ショウくんとお母さんの仲をとりもつために、どのような支援をおこなったか書き出そう。

問題2｜退所後におこなわれたアフターケアの内容を書き出そう。

＋ ストーリーの社会的背景

　大勢のカップルが不妊に悩んでいることや不妊治療の大変さが、マスコミでもとりあげられるようになりました。このストーリーの場合、不妊は何とか乗り越えたものの、お母さんが産後うつになってしまいました。

　この産後うつも、多くの女性が経験しており、自殺につながることさえあるという事実が、ようやく世間でも知られるようになりました。子ども（胎児　⇒　新生児　⇒　乳児）だけでなく、その母親にも妊娠期から**切れ目のないケア**が可能となるよう、さまざまなとり組み（例：フィンランドのネウボラ）が始まっています。

＋ ストーリーを深く理解するために……

　乳児院では、子どもと担任保育者との間の愛着形成のために、担当制をとる園が多くあります。このストーリーから、保護者に対しても、同じ担当保育者がかかわることで、保護者が安心して思いを語ったり、園で過ごしたりことができることがわかります。退所にむけて、**他機関との連携も図りつつ、同時に、保護者に対して子どものかかわり方をていねいに伝えている**ところに、社会的養護における保育者の専門性を見いだすことができるでしょう。

1 ┃ 施設における親と子をつなぐ支援

　図表1に示されているように、乳児院や児童養護施設などの入所施設では、在園児に対するケアと同様に、家庭への支援も重要視されるようになりました。親と離れて施設で生活する子どもたちが、家庭的な環境で暮らせることを目指して、さまざまな努力がおこなわれています。乳児院の場合、退所先として約56％は保護者のもとに家庭復帰しています（厚生労働省　2012）。

図表1　親子関係再構築の支援手順

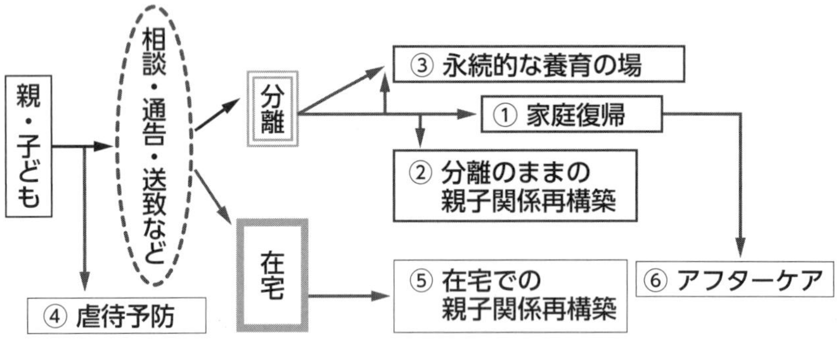

（出典：厚生労働省「社会的養護関係施設における親子関係再構築支援ガイドライン」2014年）

　社会的養護における子育て支援では、保育者は、日常な生活や遊びの場面のなかで、親と子どもが一緒に楽しく過ごせる環境設定をしたり、双方の思いの橋渡しをおこなったりして、**親子の絆をつないでいく**ことが役割となります。具体的には、図表1にも示したように、以下の内容が含まれます。

● 分離となった親子に対して
　① 親の養育行動と親子関係の改善を図り、子どもが家庭に復帰するための支援
　② 家庭復帰が困難な場合は、親子が一定の距離をとった交流を続けながら、納得してお互いを受け入れ認め合う親子の関係を構築するための支援
　③ 現実の親子の交流が望ましくない、あるいは親子の交流がない場合は、子どもが生い立ちや親との関係の心の整理をしつつ、永続的な養育を受けることのできる場の提供

● ともに暮らす親子に対して
　④ 虐待リスクを軽減し、虐待を予防するための支援
　⑤ 不適切な養育を改善し、親子関係を再構築し維持するための支援
　⑥ 家庭復帰後などにおける虐待の再発を防止し良好な親子関係を維持するための支援

2 ┃ 入所施設を利用する保護者の傾向

　入所施設を利用しているおよその保護者の傾向として、次のことをあげることができます。

　・子どもへの関心が薄くなりがちである。

・罪悪感や負い目を抱きやすい。

・精神疾患や障がいをもつ保護者が多い。

・子ども時代に虐待をうけた保護者が多い。

・保護者自身の生活基盤が安定していないことが多い（例：生活保護の受給、未婚の母など）。

　子ども虐待のケースなどでは、保育者側が、子どもに対して不適切なかかわりをする保護者という先入観をもって接してしまいがちです。しかし、子育て支援の観点からは、保護者に対し**子どもにとってはかけがえのない家族として、ともに養育していく人**として、尊重する姿勢をとることが求められます。

　また、熱心に支援にとり組む保育者の場合、支援者としての限界（→45ページ）を超えてしまい、保護者自身が抱えている問題に、必要以上に深入りしてしまう危険性もあります。保育者としての専門性では、対応しきれない問題に巻き込まれてしまって、本来の職務がおろそかになってしまわないよう、周囲と連携をとり、1人だけで問題を抱え込まないようにしましょう。

3 ｜ 入所施設における支援の方法

　家庭復帰を目ざして、乳児院には、家庭支援専門相談員（ファミリーソーシャルワーカー）、心理療法担当職員などの専門職が配置されたほか、里親などの新たな家庭へつなぐことも目ざし里親支援専門相談員も配置されました。

　保育者は、入所している子どもにとって、日常生活をともにする存在としての専門性を発揮しつつ、さまざまな専門職と連携しながら、次の方法を用いて、家庭支援をおこないます。

・面　会：園内で、楽しく親子で過ごすための機会（場所・時間）や情報（子どもが好むもの）の提供で、活動参加や行事参加を含む。園外で楽しく過ごせるよう外出の機会を設けたり、学校行事に出向いてもらったりすることもある。

・通　信：手紙・写真・子どもの作品などを送り、様子を伝える。

・外　泊：家庭に子どもが一時帰宅する。

　保護者側に子どもを受け入れていく体制が十分に整わないままに、親子でふれあう機会を設けると、虐待などの望ましくない養育行動が現れたり、子どもの生活リズムが乱れたりする恐れがあります。

　ストーリー⑬（100ページ14～29行）のように、**面会や帰宅を行う際は、その都度、保護者と施設とで確認しあいながら、ていねいに進める**ことが大事です。最初のころは、職員が同席して適宜フォローを入れ、チェックリストなど客観的な指標も活用して慎重に現状把握しながら、段階的に交流を深めていくようにします。保護者の思いをくみとりつつも、**子どもの安全確保**を最優先に考えます。

➕ Lesson13の まとめ

近年、社会的養護の分野では、子どもが施設で過ごす年月を少しでも減らし、家庭的な場で養育されることを目指して、さまざまな制度改革がおこなわれてきました。このため、施設でも入所している子どものケアだけでなく、家庭復帰にむけて、家族全体を支援していくことが重視されています。

➕ ○×問題

1. （　　）子どもだけでなく、母親に対しても、出産前からの切れ目のないケアが必要である。
2. （　　）ファミリーソーシャルワーカーのおもな職務は、里親宅への委託である。
3. （　　）家庭復帰や家庭養護（里親委託）にむけ、育児を支える地域資源の連携は重要である。
4. （　　）入所型の施設では、虐待された子どもを保護者から切り離して支援する。
5. （　　）児童福祉施設における退所後のアフターケアの対象は子どものみに限られる。

演習課題❸ Lesson13で学んだことをもとに、気づきや感想を書こう。

➕ より深く 学びたい人へ

相澤仁・宮島清『家族支援と子育て支援―ファミリーソーシャルワークの方法と実践―』明石書店、2013年

児童福祉施設における家族支援の理念や制度についてわかりやすく説明されているほか、随所に、事例や実践上のヒントというコラムが挿入されています。

➕ 予習に おすすめの本

堺市社会福祉事業団職員集団・高橋真保子・白石正久編『「この子の願いをわかりたい」からはじまる療育―堺市児童発達支援センター５園の実践―』かもがわ出版、2014年

児童発達支援センターや児童発達支援事業所では、さまざまな職種による連携のもとで、多彩なサービスが展開されています。本書では、通園クラスの１日の流れがわかりやすく説明されています。卒園した保護者からの寄稿もあり、保護者にとっての療育の意義についても学ぶことができます。

Lesson14では、児童発達支援センターに通っている発達の遅れをもつ子どもとその保護者のストーリーをとおして学びます。障がいをもつ子どもは障害系施設のみで対応するわけではありません。乳児院や児童養護施設でも、障がいがあると診断された子どもが３割弱います（厚生労働省2015）。障がいの基本特性だけでなく、障がいをもつ子どもの保護者の心情について、「障害児保育」などのテキストも見直して復習しておきましょう。

Lesson 14 通所施設における子育て支援

Lesson14のねらい

◎ 通所施設で保育者がおこなう子育て支援の基本について理解する。
◎ 通所施設を利用する保護者の特性について知る。
◎ 通所施設を利用している保護者達へかかわる際の姿勢について理解を深める。

＋ ストーリーを読むにあたって……

ストーリー⑭では、児童発達支援センター「スマイル」が舞台となります。多くの児童発達支援センターでは、数名〜10名程度の子どもたちだけのクラスのほかに、その保護者も一緒に参加する親子療育のクラスもあり、朝の会・製作遊び・ふれあい遊びなどのクラス活動をおこなっています。「スマイル」の2歳児クラスの担任保育者たちが、親子療育のなかで、どのような子育て支援をおこなっているか、読み取っていきましょう。

[登場人物プロフィール]

ユキちゃん
児童発達支援センターの親子療育クラスに在籍。親子療育クラスに週2回通っているほか、音楽療法や歩行訓練に通っている。

ユキちゃんのお父さん
ユキちゃんのことをとてもかわいがっている。マイペースでのんびりした性格であることが、お母さんのイライラの素。

ユキちゃんのお母さん
高齢出産であったためにユキちゃんの発達が遅れたと思い、そのことに罪悪感を抱いている。いつも訓練や子育てに関する情報を集めており、少しでもよいうわさを聞くと飛んでいく。

＋ストーリー⑭　子どもの育ちに不安と焦りを感じる保護者

児童発達支援センター「スマイル」の2歳児クラスに在園しているユキちゃんは、発声はあるものの、視線は合いにくく、スキンシップへの反応も薄い、コミュニケーションの取りにくい子どもである。筋力が弱く、ハイハイがようやくできる程度で、アレルギーをもち、感染症にかかりやすいので、日ごろから欠席が多い。

ユキちゃんのお母さんは、出産までピアノ教室の講師をしており、訓練や習いごとへの関心が非常に高い。ただ、お母さんが期待した効果が現われない場合は、すぐにやめてしまう。日ごろから「もっと、療育のメニューと回数を増やしてください。訓練しないと、その間に伸びなくなってしまう」と訴えていた。

そこで、面談の機会を設け、担任保育者とソーシャルワーカーの2人でじっくりとお母さんの話をきいてみたところ、「ハンディーを克服するためには、少しでも多く訓練しなければ……」と、「スマイル」のクラス活動が「遊び」中心であることへの不満を並べた。その不満を傾聴したあと、ふだん家でどのように過ごしているのかとたずねたところ、「お父さんは仕事ばかりで、ちっとも手伝ってくれない。ユキとかかわりたくないから、仕事に逃げ込んでいる」と訴えた。

そこで、父の日の恒例行事である「父子療育」にお父さんに参加してもらうよう誘い、その日の面談は終了した。この時点では、お母さんの訴えは何も解決されていなかったにもかかわらず、お父さんを巻き込むきっかけがつかめたためか、お母さんはスッキリした顔で面談室を出ていった。

父子療育の日曜日。お父さんにとって、来園自体がはじめてにもかかわらず、さわやかな笑顔であらわれ、お父さんとユキちゃんだけでもスムーズにクラス活動にとりくむことができた。行事終了後、さりげなく面談時間をとり、お父さん自身の思いを聞いてみた。すると「自分なりに父親として、できるだけのことをしてやりたいとは思っている。ただ、いつも母親が一生懸命にやっており、完璧を目指している様子に、手をだしそびれてきた」とのこと。

お父さんの趣味が水泳であることをお母さんから聞いていたため、休日に父子で水遊びをすることを提案した。さらに、もう少し大きくなれば、障がい児用の水泳教室もあり、さまざまな効果が期待できることもつけ加えた。するとさっそく、翌週から、お父さんがユキちゃんと水遊びやプールに連れて行ってくれるようになった。その1か月後、お風呂もお父さんが入れてくれるようになったと、お母さんがうれしそうに報告してきた。

こうして、お母さんは、少しずつ自分のための時間が確保できるようになった。気がねなくピアノの練習をしたり、リフレッシュできる時間をもつことができるようになり、最近では、お母さんの表情がやわらかくなって、他人を一方的に批判するようないい方が少なくなってきた。

ユキちゃんにとっても、お父さんとのプール通いは、父子の絆づくりだけでなく、体力づくりや筋力増強に効果があり、体つきもしっかりしてきて、欠席が減った。何よりも、お父さんとお母さんをよろこばせたのは、しっかりと目があうようになり、表情や喜怒哀楽がはっきりしてきたことだ。ユキちゃんの口から「ママ、パパ」という言葉が出てくる日は、もうすぐだろう。

重要 療育：育ちに課題を抱える子どもとその家族に対し、比較的小さな集団のなかで、福祉や医療のさまざまな専門職が連携しながら、ていねいな発達支援・家族支援・地域支援をおこなうこと。「児童発達支援」とも呼ばれる。

補足 児童発達支援センター：🔴17ページ

重要 ソーシャルワーカー：社会福祉固有の価値にもとづき、ソーシャルワークの知識・技術を有する専門職。

重要 父子療育：平日に来所することが難しい父親の育児参加をうながすための行事として設けられていることが多い。

演習課題❶ ストーリーを読んで感じたことを、自由に書こう。

演習課題❷ 以下の問題に答えながらストーリーを読みこもう。

問題1 │ お母さんの不安や不満を書き出して、まとめよう。
　　　　　 ┌ ヒント ┐ ことばの裏にあるものを想像しよう。

問題2 │ なぜお父さんは父子療育の前まで、育児に参加できなかったのか理由を書き出そう。
　　　　　 ┌ ヒント ┐ サラリーマンとしての立場、父親としての立場など、さまざまな角度から考えよう。

＋ ストーリーの社会的背景

　現在でも、障がいをもつ子どもに対する教育や福祉は不十分な点が多く、その不備を家族で担わざるをえないために、育児負担が非常に高いことが問題となっています。さらに、障がいをもつ子どもの母親は、「障がいをもたないように産んで（育てて）あげられなかった」という罪悪感を抱くことが多いため、精神的にも追い詰められやすい状態となります。

　まだ不十分ですが、レスパイトサービス（休息やリフレッシュを目的とする一時預かりや短期入所）や家事支援サービスなどの制度を用意して、障がいをもつ子どもだけでなく、その家族全体を支援する自治体も少しずつ増えてきました。

＋ ストーリーを深く理解するために……

　このストーリーでは、お母さんの訴えに対し、行事を活用して、お父さんを巻き込みながら、支援がおこなわれました。家庭での育児の分担や休日の過ごし方も見直すことができ、結果的に、ユキちゃんの「育ち」に目に見える効果が現れました。保護者の負担感を軽減しただけでなく、親子関係や子ども自身の育ちにつながったケースです。

1 | 通所施設を利用する保護者の傾向

　児童発達支援センターが大部分を占めているとはいえ、乳児院や児童養護施設でも通所による子育て支援がおこなわれています。こうしたサービスを利用する保護者に共通する特性は、だいたい次のようにまとめられるでしょう。

　　・罪悪感や負い目を抱きやすい
　　・周囲と比較して、あせりを抱きやすい（例：ドクターショッピング）
　　・家族や地域のなかで孤立し、孤独感を感じていることが多い
　　・虐待や精神疾患（うつ病など）のリスクが高い。

　なかでも、子どもが障害をもっていることが判明した場合、問題はさらに複雑なものになります。子どもの誕生前から、障がいの可能性をふまえないまま、将来の姿のイメージをつくりあげているケースが多いからです。つまり、親にとっては理想とする子どもの喪失感と同時に、障がいをもつわが子の将来への不安感を、同時に抱え込むことが多いのです。佐々木によれば、おおむね、①〜⑪の心理過程を行きつ戻りつつたどっていくとされています（図表1）。

　障がいの種類によっては、出生直後にわかるものもあれば（例：ダウン症）、場合によっては幼児期まであいまいなものもあるために（例：発達障害）、親がわが子の障がいをどのように認識するかさまざま

図表1　子どもの障がいを知ることによる悲嘆から回復、再生までの心理過程

精神的打撃から怒りへ	
①精神的打撃とまひの状態	子どもに障害があるという衝撃から、一時的に現実感覚がまひする状態におちいる。
②否認	子どもに障害がある事実の受容を拒否する。
③パニック	子どもの障害から目をそむけ続けることができずに混乱する。
④怒りと不当感	やり場のない怒りや受け入れがたい不当感をもつ。
⑤敵意と恨み	対象や不明確な嫉妬や敵意などの感情の処理に苦しむ。
罪意識から前向きなあきらめへ	
⑥罪意識	冷静になるにつれ、自分を責めるようになる。因果関係が不明であるにもかかわらず自責の念に苦しむ。
⑦孤独感と抑うつ感情	悲嘆の感情を克服する上で経験する自然で健全な心理過程である。
⑧精神的混乱と無欲・無関心	日常生活における目標を見失った空虚な気持ちになる。何をしたらよいのかわからなくなったり、何もしたくない状態となる。
⑨あきらめから受容へ	自分や子どものおかれている状態を自分のなかで明らかにし、自分がとらわれていた非現実的な望みをあきらめる。
新しい希望やアイデンティティの獲得	
⑩新しい希望、ユーモアと笑いの再発見	健康的な生活に欠かせない要素であるユーモアと笑いを、日常の生活において取り戻す。
⑪新しいアイデンティティの誕生	苦悩に満ちた過程を経て、新しい価値観を身につける。

（出典：佐々木正美『児童精神科医が語る　―響きあう心を育てたい―』岩崎学術出版社、2001年）

です。ただ、乳幼児期に「⑩新しい希望、ユーモアと笑いの再発見」や「⑪新しいアイデンティティの誕生」にまで到達する保護者は少なく、苦悩を抱えやすい時期となります。

2 | 通所施設における支援方法

　障がいをもつ子どもの多くは、1歳半健診や3歳健診などの乳幼児健康診査で、専門職に指摘されて、医療機関を受診したり、通所施設で提供されているサービス（図表2）を利用したりするようになるという経過をたどります。しかし、**保護者自身は健診の前から育てにくさを感じ、何らかのSOSを出しているケースが多い**といわれています。障がいの有無や診断名にかかわりなく、「親が子どもをかわいいと思えるよう支えていくこと」「親が子育てを楽しいと思えるよう支えていくこと」が、子育て支援の基本だといえるでしょう。

　とはいえ、子どもが障がいを抱えている場合、子ども自身が「育てにくさ」をもっていることが多いために、保護者の気持ちの余裕がなくなった結果、すなおに「かわいい」と感じるのは難しくなるかもしれません。あるいは、保護者側も前ページで述べたように、さまざまな思いを抱えているために、子育てを楽しむ気持ちも薄くなってしまうかもしれません。このため、子育て支援をおこなう際にも、よりていねいな配慮を加えていく必要があります。

●支援のポイント
・保護者の苦労を認め、ねぎらいのことばとともに家族の存在の大きさを伝えましょう。
・「子どものもつよさ（個性）」をともに見いだし「かわいさ」を共感しあいましょう。
・気軽に専門職と接触でき、相談できる場や機会を用意しましょう。
・子育ての悩みを語り合える仲間がいて、交流できる場を設けましょう。

　虐待をはじめとする不適切な養育がおこなわれていた場合、保育者としては子どもへの思い入れのあまり、その保護者に対して批判的な感情を抱いてしまうこともあるでしょう。しかし、「親」とは、子どもにとってかけがえのない存在です。安心して子育てできるように保護者を支えていくすることが、子どもの育ちにつながっていくということは、障がいの有無に関係なくいえることです。

　ただ、障がいをもつ人々のおかれた状況は、制度的な不十分さから、今でも厳しいものがあります。このため、障がいをもたない場合に比べ、その悩みは深いものがあり、追い詰められやすくなった結果、虐待や精神疾患に向かってしまうことが多いのです。**保護者が置かれた状況や社会的背景を想像しながら心の傷に対する理解に努め、それまでの苦労を認めて、ねぎらいや尊敬の気持ちを示す**ことは重要です。

図表2　通所施設における通園の形態

通　園	形　態
単独通園	保護者のつき添いなしで、子どもだけでさまざまな活動に参加すること。その場合、保護者とは、連絡帳・おたよりなどでやりとりすることが多くなる。
親子通園	子どもと保護者がペアになって、さまざまな活動に参加すること。専門職が適宜、手助けをしながら、親子で楽しむ時間をつくりだすことが、親子のかかわりを深め、子ども・保護者双方の成長につながる。
併行通園	週あるいは月に1〜2回ほど療育を受け、残りは保育所や認定こども園、幼稚園などに通うこと。保護者への対応も、それらの園と連携しながらおこなうことになる。

＋ Lesson14の まとめ

通所施設では、特別支援のニーズをもった親子が通うことが多いため、そのような保護者に向きあうときの姿勢や支援の方法について学びました。近年、保育所や認定こども園などのクラスでも特別支援のニーズをもった子が増えています。Lesson14での学びはそうした場所でも応用することができるでしょう。

＋ ○×問題

1.（　　）保護者の休息やリフレッシュを目的とする支援を、レスパイト・サービスという。

2.（　　）障がいをもつ子どもの家庭は、そうでない子どもの家庭と比べ、負担感が高いケースが多い。

3.（　　）障がいをもつ子どもの保護者に対しては、わが子の障がいを受容してもらうことを最優先させる。

4.（　　）障がいをもつ子どもの保護者にとって、同じ境遇の保護者とのつながりは、あまり重要でない。

5.（　　）医療型の児童発達支援センターでは、医師法の規定に沿って、専門職を配置している。

演習課題❸ Lesson14で学んだことをもとに、気づきや感想を書こう。

＋ より深く 学びたい人へ

子どもたちの保育・療育をよくする会『療育ってええな！―ママとパパの声でつくりました―』かもがわ出版、2012年

　京都を中心とするグループによるアンケートやインタビューをもとに、療育を利用している家族の思いや願いが描きだされています。支援者や周囲からのかかわりが、家族にはどのように受け止められているのか、あらためて考えさせられる本です。

＋ 予習に おすすめの本

厚生労働省『保育所保育指針解説』フレーベル館、2018年
内閣府・文部科学省・厚生労働省『幼保連携型認定こども園教育・保育要領解説』フレーベル館、2018年

　ともに、インターネットで検索すれば、所轄省のホームページよりPDFでダウンロードできます。かなりの分量がありますが、1つひとつの項目が、具体的かつていねいに説明されています。本書での学びをもとに読み進めて、子育て支援への理解を深めてください。

　次のLesson15で、「子育て支援」の学びは、ひと区切りつきます。上記の解説書などや自分自身で書き込んだ本書のワークシートなどを見直し、これまで学んできたことをふり返り、今後の課題を見いだしていきましょう。

Lesson 15 まとめと今後の課題

Lesson15のねらい

◎ 本書で学んだ事柄についてふり返り、まとめをおこなう。
◎ 子育て支援について、これからの自分自身の課題を見いだす。

+ ストーリーを読むにあたって……

これまでさまざまなストーリーを通して、保育者による子育て支援の理論と方法について学んできました。ストーリー①とストーリー⑮を読み合わせながら、これまでの学びをふり返ってみましょう。

[登場人物プロフィール]

ケイタくん
保育園の生活リズムにうまくのれず、あや先生が保育実習の間、とても気になっていた子ども。

ケイタくんのお母さん
自宅でレストランを営んでいる。ケイタくんのことはかわいがっているが……。

あや先生
保育者1年目で、なかよし保育園3歳児クラスの担任をしている。1年前、保育実習をおこなった保育所の運動会に招かれて、ひさしぶりに遊びにいくことになった。

実習園のクラス担任の先生
1年前、ケイタくんの生活リズムについて、お母さんと話しあおうと努力しているが、うまくいかなくて悩んでいた。

ストーリー⑮ ケイタくん一家との再会

あや先生の園では、運動会を目前に控え、準備に追われているまっ最中だ。そこに、1年前に最後の保育実習をした保育園から運動会の招待状がきた。保育実習のとき、気になっていたケイタくんも、ちょうど3歳児。現在、自分が担任している子どもたちと同じ年齢である。「ケイタくん、運動会の練習は、ちゃんとできているのかしら……」と気になった。

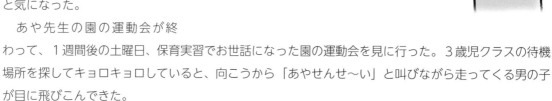

あや先生の園の運動会が終わって、1週間後の土曜日、保育実習でお世話になった園の運動会を見に行った。3歳児クラスの待機場所を探してキョロキョロしていると、向こうから「あやせんせ〜い」と叫びながら走ってくる男の子が目に飛びこんできた。

ケイタくんだ。約1年前の実習のころとは別人のような、キラキラとした笑顔で抱きついてきた。「ケイタね、かけっこで一番だったんだよ！」「きょうね、お母さんもお父さんも、見にきてくれたんだ」「おにぎりとか唐揚げとか、い〜っぱいつくってあるんだよ」。あや先生は、1年前のケイタくんを思い出しながら、大きく成長した姿に、ただただおどろくばかりだった。

運動会の終了後、ケイタくんについて、去年のクラスからもちあがった担任の先生に聞いてみた。「ケイタくんは、赤ちゃんのとき、歩き始めも早かったしね。おうちがレストランをしていて、大人の都合にあわせた生活をして、生活リズムが乱れていたから、そういう彼のいいところが、見えにくかっただけなの。でも、去年、実習していたあや先生に言われて、ハッとしたの。おうちがレストランだから仕方ないと思って、お母さんやお父さんに働きかけるのをあきらめかけていたけど、保育者としてできることは、まだまだあるんじゃないかってね。それから、**毎日の保育のなかで、ケイタくんにも、おうちにも、少しずつ働きかけていくようにしたの**。そうしているうちに、ケイタくんの運動神経のよさとか、いろいろ見えてきたのね。運動会でも、一番はじめに走るグループに入れたら、クラスで一番はじめに一等賞がとれるものだから、それはもう、はりきっちゃって（笑）。もともと足は速い子なんだけど『ぜったい一番になりたいから、お外でかけっこの練習するんだ』って、早く登園するようになったのね。朝から走り回って、夜は疲れて早々に寝てしまうものだから、結果として、早寝早起きの生活になっちゃったわけ。近ごろは、お父さんも息子との晩酌をあきらめて、朝一緒に朝食をとって、散歩がてら保育園の送りもするようになったのね。お母さんは、朝、ゆっくりできる時間ができたし、よろこんでくれて、この前、『先生のおかげです』って頭まで下げてくれたのよ。ケイタくんのおかげで、お父さんもお母さんも変わったわね……」

話が途切れ、あや先生が、にぎやかなホールに目をやると、ちょうど、ケイタくんのお父さんとお母さんが「差し入れです」と、色鮮やかなオードブルやデザートを運び込んでいるところだった。ホールでは、園と保護者会との共催の打ち上げが始まろうとしている。

Lesson15 | まとめと今後の課題

演習課題❶ 本書で学んだことをもとにして、太字部分について、どのような働きかけがあったのか具体的に書こう。

演習課題❷ 今後、あなた自身がさらに学んだり、子育て支援をしていく上で、課題だと思われる事柄を書こう。

Column | **保護者応対（苦情対応）：「クラスの保護者のなかに、モンペがいたらどうしよう……」**

　園に対して無理な要求をつきつけてくるなど、保育者にとって、信頼関係をもとにやりとりを重ねることに強い困難を感じる保護者のことをさす「モンスターペアレント」という言葉は、あっという間に世間に広まりました。

　ただし、保育者側が「○○ちゃんママって、モンペ（モンスターペアレントの略）じゃないの」といった感じで決めつけたり、先入観をもっていたりした場合、口には出さなかったとしても、保育者側の「姿勢」や「本音」は、必ず保護者に伝わっていきます。そうなると、保護者側も心を閉ざしてしまうでしょう。

　このような人間関係のもとで、何かトラブルが発生すると、もとは、ささいなアクシデントであっても、クレームへと発展していきます。対応にあたった保育者が疲弊して、最悪の場合、退職に至るケースもあるほどです。

　このような悪循環が起こらないようにすればどうすれば、いいのでしょうか？　その基本は、本書でもくり返し述べてきたように、以下の3点にまとめられます。

- 子どもへの保育をていねいにおこない、その土台に立って、保護者とやりとりしていくこと。
- 保護者の力を信じる気持ちをもち続け、よさを見つけていくこと
- 保育者1人で抱え込まず、連携して対応すること。

　この問題は、研修などで学んだことを単純にあてはめただけでは解決しないだけに、現場の保育者たちも非常に苦労しています。アンケート調査からも、現職の保育者や潜在保育士から要望の多い研修として「保護者応対」が上位にあがっていることからもわかるでしょう（ベネッセ教育総合研究所　2012）。本書で学んだことを土台にして、子育て支援について、さらに学びを深めていきましょう。

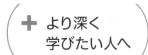

青木紀久代監修『保育園における苦情対応―対応困難事例とワーク―』東京都社会福祉協議会、2012年
西舘有沙・徳田克己『知らないとトラブルになる！　配慮の必要な保護者への支援』学研、2014年

参考文献

本文中で書誌やURLを紹介していない文献のみ記載しました。

● **Lesson 1**

石原金由・土井由利子・内山真「睡眠と健康―幼児期から思春期前―」『保健医療科学』第64号、3-10、2015年

柏女霊峰・橋本真紀『保育者の保護者支援　増補版』フレーベル館、2010年

● **Lesson 2**

北野幸子・立石宏昭編著『子育て支援のすすめ―施設・家庭・地域をむすぶ―』ミネルヴァ書房、2006年

厚生労働省「平成28年　雇用均等基本調査結果概要」2017年
　　http://www.mhlw.go.jp/toukei/list/dl/71-28r-07.pdf（2017.12.10.取得）

渡辺顕一郎・金山美和子『家庭支援の理論と方法―保育・子育て・障害児支援・虐待予防を中心に―』金子書房、2015年

全国保育問題研究協議会『保育で育ちあう―子ども・父母・保育者のいい関係―』新読書社、2009年

● **Lesson 3**

芦澤清音「保護者の物語から保育者との連携が見えてくる―八王子市の巡回相談―」浜谷直人、三山岳編著『子どもと保育者の物語によりそう巡回相談―発達がわかる、保育が面白くなる―』ミネルヴァ書房、2016年

木曽陽子『発達障害の可能性がある子どもの保護者支援』晃洋書房、2016年

久保山茂樹・青山新吾『子どものありのままの姿を保護者とどうわかりあうか』学事出版、2014年

徳田克己監修『具体的な対応がわかる　気になる子の保護者への支援』チャイルド本社、2015年

● **Lesson 4**

金子恵美「保育所における家庭支援―新保育所保育指針の理論と実践―」全国社会福祉協議会、2010年

厚生労働省「平成28年国民生活基礎調査の概況」2017年
　　http://www.mhlw.go.jp/toukei/saikin/hw/k-tyosa/k-tyosa16/dl/16.pdf（2017.12.10.取得）

小川晶『保育所における母親への支援―子育て支援をになう視点・方法分析―』学文社、2014年

全国保育士会「保育士・保育教諭として、子どもの貧困問題を考える―質の高い保育実践のために―」2017年
　　http://www.z-hoikushikai.com/download.php?new_arrival_document_id=54（2017.12.10.取得）

● **Lesson 5**

柏女霊峰監修『保護者支援スキルアップ講座―保育者の専門性を生かした保護者支援　保育相談支援（保育指導）の実際―』ひかりのくに、2010年

塩谷香『子どもが育つ保護者も育つ　保育者のコミュニケーションスキル』少年写真新聞社、2015年

●Lesson 6

厚生労働省「平成28年度　児童相談所での児童虐待対応件数（速報値）」2017年

http://www.mhlw.go.jp/file/04-Houdouhappyou-11901000-Koyoukintoujidoukateikyoku-Soumuka/0000174478.pdf（2017.12.10.取得）

二宮祐子「保育者の協働」谷田貝公昭編著『保育者論』一藝社、2016年

●Lesson 7

厚生労働省「保育所自己評価ガイドライン」2009年

http://www.mhlw.go.jp/bunya/kodomo/pdf/hoiku01.pdf（2017.12.10.取得）

小椋喜一郎編著『社会福祉援助記述の記録』日総研出版、2006年

山崎美貴子・岡田賢宏・大方美香『福祉サービスの第三者評価―受け方・活かし方【保育所版】―』全国社会福祉協議会、2016年

●Lesson 8

内閣府「教育・保育施設等における事故防止及び事故発生時の対応のためのガイドライン（事故発生時の対応）―施設・事業者、地方自治体共通―」2017年

http://www8.cao.go.jp/shoushi/shinseido/meeting/kyouiku_hoiku/pdf/guideline3.pdf（2017.12.10.取得）

大阪府教育委員会「学校・家庭・地域をつなぐ　保護者等連携の手引き―子どもたちの健やかな成長のために―」2010年

http://www.pref.osaka.lg.jp/attach/6340/00000000/renkeitebiki.pdf（2017.12.10.取得）

●Lesson 9

高向山・若尾良徳「保育所と家庭をむすぶ連絡帳―対人コミュニケーション機能に注目して―」『健康プロデュース雑誌』第9巻1号、93-98、2015年

林悠子「保護者と保育者の記述内容の変容過程にみる連絡帳の意義」『保育学研究』第53巻第1号、78-90、2015年

二宮祐子「保育者－保護者間の信頼とコミュニケーション―保育園における連絡帳のナラティヴ分析―」『福祉社会学研究』第7巻、140-161、2010年

二宮祐子「クラスだよりに埋め込まれた語りのストラテジー―保育所4歳児クラスにおける保護者支援へのナラティヴ・アプローチ―」『子ども家庭福祉学』第17号、76-88、2017年

高橋光幸・小黒美月『「クラスだより」で響き合う保育―子どもと親と保育者でつながるしあわせ―』かもがわ出版、2011年

●Lesson 10

松井剛太「保育所における保護者の保育参加を目指したポートフォリオの作成」『乳幼児教育学研究』第24巻、39-49、2015年

宮本知子・藤崎春代「保育参加後における父親の語りの縦断的研究―父親が子どもの園生活にかかわることによる視野の広がり―」『保育学研究』第53巻第2号、96-107、2015年

島津礼子「幼稚園の『保育参加』における学びの生成について」『保育学研究』第52巻第3号、344-354、2014年

●Lesson11

日本建築学会『こどもの環境づくり事典』青弓社、2014年

高山静子『学びを支える保育環境づくり―幼稚園・保育園・認定こども園の環境構成―』小学館、2017年

横山洋子『発達にあわせた保育の環境づくりアイデアBOOK』ナツメ社、2016年

●Lesson12

橋本真紀『地域を基盤とした子育て支援の専門的機能』ミネルヴァ書房、2015年

星三和子・塩崎美穂・向井美穂・上垣内伸子「地域子育て支援拠点における困難や悩みをもつ親の支援に関する考察―支援職の『語り』の分析―」『保育学研究』第52巻第3号、332-343、2014年

入江礼子・小原敏郎・白川佳子編著『子ども・保護者・学生が共に育つ保育・子育て支援演習―保育者養成校で地域の保育・子育て支援を始めよう―』萌文書林、2017年

厚生労働省「平成28年度 地域子育て支援拠点事業実施状況」2017年
http://www.mhlw.go.jp/file/06-Seisakujouhou-11900000-Koyoukintoujidoukateikyoku/kyoten_kasyo28.pdf（2017.12.10.取得）

中谷奈津子「地域子育て支援拠点事業利用による母親の変化―支援者の母親規範意識と母親のエンパワメントに着目して―」『保育学研究』第52巻第3号、319-331、2014年

新川泰弘『地域子育て支援拠点におけるファミリーソーシャルワークの学びと省察』相川書房、2016年

総務省情報通信政策研究所「未就学児等のICT利活用に係る保護者の意識に関する調査報告書　概要版」2015年
http://www.soumu.go.jp/main_content/000368846.pdf（2017.12.10.取得）

渡辺顕一郎・橋本真紀編著『地域子育て支援拠点ガイドラインの手引　第2版』中央法規、2015年

●Lesson13

柏女霊峰・橋本真紀ほか「児童福祉施設における保育士の保育指導技術の体系化に関する研究（2）―保育所保育士の技術の把握と施設保育士の保護者支援―」『日本子ども家庭総合研究所紀要』第46巻、44-56、2016年

厚生労働省「児童養護施設児童等調査結果（平成25年2月1日現在)」2015年
http://www.mhlw.go.jp/file/04-Houdouhappyou-11905000-Koyoukintoujidoukateikyoku-Kateifukushika/0000071184.pdf（2017.12.10.取得）

厚生労働省「乳児院運営指針」2012年
http://www.mhlw.go.jp/bunya/kodomo/syakaiteki_yougo/dl/yougo_genjou_05.pdf（2017.12.10.取得）

日本子ども家庭総合研究所「EPDSによる産後うつ頻度の把握に関する研究」2009年
http://www.aiiku.or.jp/~doc/houkoku/h21/23021A170.pdf（2017.12.10.取得）

●Lesson14

厚生労働省「児童発達支援ガイドライン」2017年
http://www.mhlw.go.jp/file/06-Seisakujouhou-12200000-Shakaiengokyoku-shougaihokenfukushibu/0000171670.pdf（2017.12.10.取得）

全国児童発達支援協議会監修『障害児通所支援ハンドブック』エンパワメント研究所、2015年

INDEX

●欧文

PDCAサイクル	55

●あ行

アイス・ブレーキング	77, 79
あいづち	36
アウトリーチ	44, 92
アセスメントシート	50, 54
アフターケア	100
アレルギー疾患生活管理指導表	66, 67
意見箱（連絡用ポスト）	71, 87
一時預かり事業	44
うなづき	36
栄養士	40, 42
エコマップ	50, 52
園だより	70
園庭開放	92
園の開放	92
園文庫開放	92
オープン・クエスチョン	36
おたより（通信）	70
親子関係の再構築	101, 102

●か行

外泊	103
顔の見える連携	44
かかりつけ医	66, 67
家庭的保育者	43
家庭訪問	24, 25
カラーユニバーサルデザイン	87
環境	84, 85, 86, 87
看護師	40, 42, 58
感情の反射（明確化）	36
共感	29
行事	74, 92, 97
切れ目のないケア	101
クラスだより	70
繰り返し	36
クレーム	61, 77, 113
クローズド・クエスチョン	36
ケアワーク	35

傾聴	28
ケースカンファレンス	55
講習会	78, 91
個人情報	29, 30
個人面談	8
子育てガイドブック	87
子育て支援	4
子育て支援員	43
子育て支援のプロセス	35
子育て短期支援事業	44
子育てを自ら実践する力の向上	19, 76
子どもの最善の利益	18
子どもの生活の連続性	20
子どもの生活リズム	2, 3, 112
子どもの貧困	24, 25
個別化	36
コミュニケーション技法	36
コミュニケーション支援	77
コンサルテーション	55

●さ行

ジェノグラム	50, 52
自己評価	55
事故報告書（経過記録票）	67
自主活動	78, 95
児童委員（民生委員）	43
児童発達支援センター	16, 17, 106
社会資源マップ（子育てマップ）	44, 87, 96
社会資源リスト	44
出張ひろば（出前保育）	92
主任児童委員	43
受容	28
巡回相談（保育所等訪問支援）	16, 17
少子高齢社会	10
叙述体	49
情報コーナー	62
職員紹介の掲示	78, 82
嘱託医	42
人的環境	85
親和型の人間関係	95
スーパービジョン	55

117

ステップ・ファミリー	47	フェイスシート	50, 52
生育暦	40, 41	物的環境	85
説明体	49	プライバシー	29, 30
全国保育士会倫理綱領	21	分離グループ型の人間関係	95
相対的貧困	24, 25	保育参加	8, 9, 76
ソーシャルワーカー	106, 107	保育参観	76
ソーシャルワーク	35	保育指導	4
ソーシャルワークのプロセス	35	保育者による子育て支援の限界	45
側面的な支援	78	保育者の専門性	13, 101
		保育所地域子育てモデル事業	93

●た行

体験保育	92	保育相談支援	4
第三者評価	55	保育ボランティア	43
担当制	101	保健センター	44, 90, 91
地域子育て支援拠点	40, 44, 93, 94, 95	保護者応対（苦情対応）	113
地域子育て支援拠点事業	44, 93	保護者会	78, 112
地域子育て支援センター	40, 90	保護者懇談会	61, 74, 77
地域見守り活動	24, 25	保護者との相互理解	29, 68, 76
チェックリスト	50, 53, 67, 103	保護者の自己決定	19
逐語体	49	保護者の相互理解	75
調理員	42		
沈黙	36		
通信	103	●ま行	
手紙	66, 71	民生委員（児童委員）	24, 25
		メール	71
		面会	103
●な行		面談	32, 59, 62, 74, 106
入園時面接	40, 41	モンスターペアレント	113
乳幼児健康診査	44, 91, 109		
ネグレクト	40, 41	●や行	
		養育支援訪問事業	44
		要保護児童対策地域協議会	24, 25, 44, 49, 96
●は行		要約	36
バイスティックの7原則	37	要約体	49
波長合わせ	36	予防的支援	12
バラバラ型の人間関係	95		
引き継ぎノート	67	●ら行	
引き渡し名簿	40, 41	療育	106, 107
ヒヤリハット	67	利用者評価	55
病児・病後児保育事業	44	レスパイトサービス	93, 107
ひろば活動	93	連携	26, 101
ファミリー・サポート・センター事業	44	連携保育所	43
ファミリーサポート提供会員	43	連絡帳	66, 68, 69
ファミリーソーシャルワーカー		連絡ノート	66
（家庭支援専門相談員）	100, 103	連絡ボード	66

■著者紹介
二宮祐子 (にのみや・ゆうこ) 文教大学准教授

広島市出身。広島大学学校教育学部卒業、広島大学大学院教育学研究科博士課程前期修了の後、川崎市公務員として障害児入所施設・保育所・児童発達支援センターにて11年間勤務のち退職（保育士、社会福祉士）。東京学芸大学大学院連合学校教育学研究科博士課程修了（教育学博士）。東京家政大学・埼玉東萌短期大学・東京女子体育短期大学・和洋女子大学で、社会福祉概論・子ども家庭福祉・家庭支援論・社会的養護・障害児保育・保育者論・ソーシャルワーク演習などの科目を担当。

○主要業績
〈論文〉
「医療的ケア児保育で求められる支援と専門性」（単著、『子ども学』第12号、2024年）
「医療的ケアを必要とする子どもへの保育実践の機能」（単著、『子ども家庭福祉学』第21巻、2021年）
「保育／子育て支援の実践現場におけるナラティヴと研究視角」（単著、『保育学研究』第55巻第3号、2017年）
「クラスだよりに埋めこまれた語りのストラテジー ―保育所4歳児クラスにおける保護者支援へのナラティヴ・アプローチ―」（単著、『子ども家庭福祉学』第17巻、2017年）
「保育者－保護者間のコミュニケーションと信頼―保育園の連絡帳へのナラティヴ分析―」（単著、『福祉社会学研究』第7巻、2010年）

〈著書〉
『子ども家庭支援論』（共編著、アイ・ケイコーポレーション、2023年）
『保育実践へのナラティブ・アプローチ―保育者の専門性を見いだす4つの方法―』（単著、新曜社、2022年）
『保育者のためのパソコン講座―Windows10/8.1/7対応版―』（共著、萌文書林、2018年）
『施設実習パーフェクトガイド』（共著、わかば社、2014年）他

■写真提供
社会福祉法人愛児福祉会　口田なかよし保育園
Lesson2写真②，Lesson8写真①，Lesson9写真①，写真④，Lesson10写真①，Lesson11写真②，写真③，写真④，写真⑤，写真⑥，写真⑦，写真⑨

特定非営利活動法人むさしっこの会　むさし保育園
Lesson2写真①，Lesson6写真①，Lesson8写真②，Lesson11写真①，写真⑧，写真⑩

[装　　　幀] 杉田　光明
[イ ラ ス ト] 西田ヒロコ
[Ｄ Ｔ Ｐ 制 作] 坂本　芳子

子育て支援
―15のストーリーで学ぶワークブック―

2018年5月22日　初版第1刷発行
2025年4月1日　初版第7刷発行

著　　　者　　二 宮　祐 子
発 行 者　　服 部　直 人
発 行 所　　㈱萌文書林
　　　　　　〒113-0021　東京都文京区本駒込6-15-11
　　　　　　TEL 03-3943-0576　FAX 03-3943-0567
　　　　　　https://www.houbun.com

印刷・製本　　モリモト印刷株式会社　　　　　　　　　〈検印省略〉

ISBN 978-4-89347-284-7　C3037

©2018 Yuko Ninomiya, Printed in Japan

●落丁・乱丁本は弊社までお送りください。送料弊社負担でお取り替えいたします。
●本書の内容を一部または全部を無断で複写・複製、転記・転載することは、法律で認められた場合を除き、
　著作者および出版社の権利の侵害となります。本書からの複写・複製、転記・転載をご希望の場合、あ
　らかじめ弊社あてに許諾をお求めください。

演習問題

《切り取り式ワークシート》

演習問題 ｜ 切り取り式ワークシート

Lesson **1** 子育て支援とは

演習課題❶ ストーリーを読んで感じたことを自由に書こう。

演習課題❷ 以下の問題に答えながらストーリーを読みこもう。

問題1 ｜ お母さんはどんな気持ちで「お店があるんだからしょうがない」といっているのだろうか。

問題2 ｜ あなたがクラス担任であったとしたら、お母さんに「お店があるんだからしょうがない」といわれたときに、どのように思うだろうか。

1．本書で学ぶ事柄

○

○

○

2．子育て支援の制度的基盤

（1）児童福祉法

児童福祉法　第18条の4（保育士の定義）

この法律で、保育士とは、第18条の18第1項の登録をうけ、保育士の名称を用いて、専門的知識および技術をもって、児童の保育および＿＿＿＿＿＿＿＿＿＿＿＿＿＿＿＿＿＿＿＿を行うことを業とする者をいう。

「保育に関する指導（保育指導）」とは、保育士が、保護者が抱えている子育ての問題や課題に対して、＿＿＿＿＿＿＿＿＿＿＿＿＿＿＿＿＿＿をさす。

学年・組	番号		氏名

123

（2）保育所保育指針

平成20年告示『保育所保育指針』における第6章「保護者に対する支援」
↓
平成29年告示『保育所保育指針』における＿＿＿＿＿＿＿＿＿＿＿＿＿＿＿

○　育児を保護者に代わって行うのではなく、＿＿＿＿＿＿＿＿＿＿＿＿＿＿＿＿
○　保護者および地域が有する＿＿＿＿＿＿＿＿＿＿＿＿＿につながるよう支援すること。

（3）認定こども園法

地域子育て支援の位置づけの違い

幼保連携型認定こども園＝＿＿＿＿＿＿＿　　保育所＝＿＿＿＿＿＿＿

（4）幼保連携型認定こども園教育・保育要領
○　保護者の生活形態の違いを尊重するだけでなく、＿＿＿＿＿＿＿＿＿＿＿＿＿＿＿
こと。
○　地域の子育て支援において、＿＿＿＿＿＿＿＿＿＿＿を果たすよう努めること。

〈○×問題〉

No.	○or×	間違い	訂正
1.			
2.			
3.			
4.			
5.			

演習課題❸　子育て支援について、自分自身の学びの目標を書こう。

演習課題❹　子育て支援を学ぶ上での留意点を書こう。

演習問題 ｜ 切り取り式ワークシート

Lesson ② 子育て支援の意義

演習課題❶ ストーリーを読んで感じたことを自由に書こう。

演習課題❷ 以下の問題に答えながらストーリーを読みこもう。

問題1 ｜ あや先生はリョウくんに対してどのような働きかけをしたか書こう。

問題2 ｜ あや先生がみどり先生からもらったアドバイスを書き出そう。

1．子育て支援が求められる社会的背景

（1）子育てをとりまく社会状況の変化

○ ＿＿＿＿＿＿＿＿

○ 子育て家庭が少数派となっている。

○ ＿＿＿＿＿＿や＿＿＿＿＿を感じている母親が多い。

（2）家族の子育て機能の低下

○ 日本の父親が家事・育児に費やす時間は低い水準にある。

○ 父親自身の育児参加への意欲自体は上昇している。

○ ＿＿＿＿＿＿＿＿（三世帯同居の減少）

⇒ ＿＿＿＿＿＿＿＿＿＿＿＿＿＿＿＿する傾向がある。

（3）地域の子育て機能の低下

○ ＿＿＿＿＿＿＿＿

子育て家庭の減少 ⇒ ＿＿＿＿＿＿＿＿＿＿＿＿＿＿

子どもの減少 ⇒ 子育てを応援してくれる＿＿＿＿＿＿＿＿＿＿

学年・組	番号		氏名	

125

2．子育て支援において保育所・認定こども園などが果たす役割

（1）子育て支援ネットワークの拠点

保育所や認定こども園の特性

入所している子どもの保護者：毎日通う場所

地域の子どもの保護者：顔見知りの職員がいて、いつでも気軽に立ち寄り、ひととき過ごすことができる場所

⇒　保護者が気軽にいつでも立ち寄れる場としての＿＿＿＿＿＿＿＿

（2）予防的支援

子育てに関する問題への支援プロセス

①　＿＿＿＿＿＿＿＿（第一次予防）

②　＿＿＿＿＿＿＿＿（第二次予防）

③　＿＿＿＿＿＿＿＿（第三次予防）

子育て支援における保育者の役割として、＿＿＿＿＿＿＿＿＿＿＿＿＿＿＿が重要である。

3．子育て支援の独自性

子育て支援とは……

＿＿＿＿＿＿＿＿＿＿＿＿＿＿に基づいた、＿＿＿＿＿＿＿＿＿＿を支えることを目的とする＿＿＿＿＿＿

＿＿＿＿＿＿＿＿

〈○×問題〉

No.	○ or ×	間違い	訂正
1.			
2.			
3.			
4.			
5.			

演習課題❸　Lesson2で学んだことをもとに、気づきや感想を書こう。

演習問題 ｜ 切り取り式ワークシート

Lesson **3** 子育て支援の基本的価値・倫理

演習課題❶ ストーリーを読んで感じたことを自由に書こう。

演習課題❷ 以下の問題に答えながらストーリーを読みこもう。

問題１｜ なぜお母さんは「仕事をセーブしなくても、もう大丈夫」と思ったのか、その理由を具体的に書こう。

問題２｜ あや先生やみどり先生にとって、どのような点が「気になる」のか、ヒロトくんの発達課題をどのようにとらえているのか書こう。

１．子どもの最善の利益の尊重

保育指針　第１章１（1）保育所の役割
ア　（前略）保育所は、（中略）入所する＿＿＿＿＿＿＿＿＿を考慮し、その福祉を増進することに最もふさわしい生活の場でなければならない。

２．子どもの成長への気づきと子育てのよろこびの促進

保育指針　第４章１（1）保育所の特性を生かした子育て支援
イ　（前略）＿＿＿＿＿＿＿＿＿＿＿＿＿＿＿＿＿＿＿＿＿＿＿＿よう努めること。

３．保護者における子育てを自ら実践する力の向上

保育指針　第４章　子育て支援
（前略）＿＿＿＿＿＿＿＿＿＿＿＿＿＿＿＿＿＿＿＿＿に資するよう、次の事項に留意するものとする。

学年・組	番号		氏名

127

4．保護者の自己決定の尊重

> **保育指針　第4章1（1）保育所の特性を生かした子育て支援**
> ア　保護者に対する子育て支援を行う際には、各地域や家庭の実態等を踏まえるとともに、保護者の気持ちを受け止め、相互の信頼関係を基本に、＿＿＿＿＿＿＿＿＿＿＿＿＿＿すること。

5．保護者の状況に配慮した個別の支援

> **保育指針　第1章1（3）保育の方法**
> カ　＿＿＿＿＿＿＿＿＿＿＿＿＿＿＿＿＿＿＿それぞれの親子関係や家庭生活等に配慮しながら、様々な機会をとらえ、適切に援助すること。

> **保育指針　第4章2（2）保護者の状況に配慮した個別の支援**
> イ　＿＿＿＿＿＿＿＿＿＿＿＿＿＿＿＿＿＿＿には、市町村や関係機関と連携及び協力を図りつつ、保護者に対する個別の支援を行うよう努めること。
> ウ　＿＿＿＿＿＿＿＿＿＿＿＿＿＿＿＿＿＿＿には、状況等に応じて個別の支援に行うよう努めること。

6．子どもの生活の連続性

> **保育指針　第4章2（2）保護者の状況に配慮した個別の支援**
> ア　保護者の就労と子育ての両立等を支援するため、保護者の多様化した保育の需要に応じ、病児保育事業など多様な事業を実施する場合には、保護者の状況に配慮するとともに、子どもの福祉が尊重されるよう努め、＿＿＿＿＿＿＿＿＿＿を考慮すること。

〈○×問題〉

No.	○ or ×	間違い	訂正
1.			
2.			
3.			
4.			
5.			

演習課題❸　Lesson3で学んだことをもとに、気づきや感想を書こう。

演習問題 ｜ 切り取り式ワークシート

Lesson 4 子育て支援の基本的姿勢

演習課題❶ ストーリーを読んで感じたことを自由に書こう。

演習課題❷ 以下の問題に答えながらストーリーを読みこもう。

問題1 ｜ 連絡帳や母親の個人携帯の留守電にメッセージをいれても返事がこなかったり、面談でもすべて話してくれなかったりしたのは、なぜだろうか。チカちゃんのお母さんの気持ちを想像して書こう。

問題2 ｜ その後、園ではチカちゃんの家庭に対し、どのような支援をおこなったのか、最終段落から読み取って書き出そう。

1. 家庭や地域の社会資源との連携

保育指針　第1章1（1）保育所の役割

ウ　保育所は、入所する子どもを保育するとともに、＿＿＿＿＿＿＿＿＿＿＿＿＿＿＿＿＿＿
　を図りながら、入所する子どもの保護者に対する支援及び地域の子育て支援に対する支援等を行
　う役割を担うものである

2. 保育所・認定こども園などの特性の活用

保育指針　第4章1（1）保育所の特性を生かした子育て支援

イ　保育および子育てに関する知識や技術など、保育士等の専門性や、子どもが常に存在する環境
　など、＿＿＿＿＿＿＿＿＿＿＿＿＿、保護者が子どもの成長に気付き子育ての喜びを感じられる
　よう努めること。

3. 保育者の専門性の活用

保育指針　第1章2（1）保育所の役割

エ　保育所における保育士は、（中略）＿＿＿＿＿＿＿＿＿＿＿＿＿＿＿＿＿＿＿＿、
　子どもを保育するとともに、子どもの保護者に対する保育に関する指導を行うものであり、その
　職責の遂行するための専門性の向上に絶えず努めなければならない。

学年・組	番号		氏名

4．相互の信頼関係の促進

（1）受容　　　≠ ＿＿＿＿＿＿

（2）傾聴（聴く）≠ ＿＿＿＿＿＿

（3）共感　　　≠ ＿＿＿＿＿＿

5．保護者との（保護者同士の）相互理解の促進

保育指針　第4章2（1）保護者との相互理解
ア　日常の保育に関連した様々な機会を活用し子どもの日々の様子の伝達や収集、保育所保育の意
　図の説明などを通じて、＿＿＿＿＿＿＿＿＿を図るよう努めること。

6．個人情報およびプライバシーの保護と秘密保持

＿＿＿＿＿＿＿＿　第18条の22
　保育士は、正当な理由なく、その業務に関して知り得た人の秘密を漏らしてはならない。保育士
でなくなった後においても同様とする。

保育指針　第1章1（5）保育所の社会的責任
ウ　保育所は入所する子ども等の＿＿＿＿＿＿＿＿を適切に取り扱う（以下略）

保育指針　第4章2（1）子育て支援において留意すべき事柄
イ　子どもの利益に反しない限りにおいて、保護者や子どもの＿＿＿＿＿＿＿を保護し、知り得
　た事柄の秘密を保持すること。

〈○×問題〉

No.	○ or ×	間違い	訂正
1.			
2.			
3.			
4.			
5.			

演習課題❸　Lesson4で学んだことをもとに、気づきや感想を書こう。

演習問題 ｜ 切り取り式ワークシート

Lesson 5 子育て支援の基本的技術

演習課題❶ ストーリーを読んで感じたことを、自由に書いてみよう。

演習課題❷ 以下の問題に答えながらストーリーを読みこもう。

問題1 ｜ カズくんのお父さんのニーズは何か、書き出そう。

問題2 ｜ 支援メニューとして何があげられたか、書き出そう。

1．子育て支援のプロセス

① _____ 　② _____
③ _____ 　④ _____
⑤ _____ 　⑥ _____
⑦ _____ 　⑧ _____
⑨ _____

2．子育て支援に役立つコミュニケーション技法

コミュニケーション技法	保育者がおこなう内容
①	相手を個人として尊重しながら対応すること
②	話の本題に入る前に、ウォーミングアップを行うこと
③	肯定するときに用いるジェスチャー
④	短い言葉で合いの手をうつこと
⑤	相手の言葉・表情・しぐさを反復すること
⑥	「誰が」「いつ」など話の内容を深めるための質問
⑦	「はい」「いいえ」で答えられる質問をすること
⑧	思いや感情を言語化して伝えること
⑨	相手のメッセージ内容の重要なポイントをまとめること

学年・組	番号	氏名

演習課題❸ ストーリーの会話で使われているコミュニケーション技法の名称を書こう。

①	②	③
④	⑤	⑥
⑦	⑧	⑨
⑩	⑪	

演習課題❹ 上記のコミュニケーション技法を意識しながら、ストーリーをもとにロールプレイをおこない、気づきを書こう。

〈○×問題〉

No.	○or ×	間違い	訂正
1.			
2.			
3.			
4.			
5.			

演習課題❺ Lesson5で学んだことをもとに、気づきや感想を書こう。

演習問題 ｜ 切り取り式ワークシート

Lesson 6 　園内・園外との連携と社会資源

演習課題❶　ストーリーを読んで感じたことを、自由に書こう。

演習課題❷　以下の問題に答えながらストーリーを読みこもう。

問題1｜レイちゃんやお母さんのどのような姿から、ネグレクトの兆候があると判断されたのか、書き出そう。

問題2｜土曜日保育ではなく、地域子育て支援拠点「ひだまり」を勧めた理由を考えて書こう。

1．園内の職員間の連携

職名	おもな連携内容
①	・発育・発達状態の評価、定期および臨時の健康診断 ・疾病などの医学的処置および医学的指導
②	・子どもや職員の健康管理および保健計画などの策定 ・保護者からの子どもの健康状態に関する情報の対応
③	・食育の計画・実践・評価 ・および保護者からの栄養・食生活に関する相談・助言
④	・食事の調理と提供

2．さまざまな子育て支援者との連携

職名	おもな連携内容
①	・家庭的保育事業、居宅訪問型保育事業などの実施 ・一時預かり事業の実施
②	・小規模保育事業、居宅訪問型保育事業などの実施 ・地域子育て支援拠点事業，一時預かり事業の実施
③	・子育て世帯の見守りや安否確認 ・専門機関との連絡・調整
④	・依頼会員の子どもの預かり ・依頼会員の子どもの園までの送迎
⑤	・中高生のふれあい体験授業や職業体験 ・大学生や中高年のボランティアや子育てサークルの活動

学年・組	番号	氏名

3．さまざまな地域子育て支援事業との連携

事業名	おもな事業内容
①	乳児健診、1歳半健診、3歳児健診などの実施
②	4つの基本事業の実施
③	虐待のリスクのある家庭への訪問
④	トワイライトステイ、ショートステイの実施
⑤	依頼会員と提供会員との連絡・調整
⑥	一時預かり保育の実施
⑦	病児あるいは病気回復期にある子どもの預かり

4．子育て支援ネットワークの活用

○ ＿＿＿＿＿＿＿や＿＿＿＿＿＿の作製

○ ＿＿＿＿＿＿＿や＿＿＿＿＿＿の重要性

○ ＿＿＿＿＿＿＿＿＿＿の活用

5．保育者がおこなう子育て支援の限界

① ＿＿＿＿＿＿＿＿＿＿＿＿＿

② ＿＿＿＿＿＿＿＿＿＿＿＿＿

③ ＿＿＿＿＿＿＿＿＿＿＿＿＿

④ ＿＿＿＿＿＿＿＿＿＿＿＿＿

〈○×問題〉

No.	○or×	間違い	訂正
1.			
2.			
3.			
4.			
5.			

演習課題❹ Lesson6を学んだことをもとに、気づきや感想を書こう。

演習問題 ｜ 切り取り式ワークシート

演習課題❸ 就職予定地域の子育て支援に関する社会資源リストをつくろう。

_____における社会資源リスト（_____年_____月）

名称	住所もしくは最寄り駅	電話番号	おもなサービス内容

きりとり線

学年・組	番号		氏名	

135

名称	住所もしくは最寄り駅	電話番号	おもなサービス内容
名称	住所もしくは最寄り駅	電話番号	おもなサービス内容

演習問題 ｜ 切り取り式ワークシート

Lesson 7 記録・評価・研修

演習課題❶ ストーリーを読んで感じたことを、自由に書こう。

1．記録で用いられるさまざまな文体

文　体	内　容
	出来事を時間の経過に沿って並べた文体
	重要ポイントのみをまとめた文体
	発言内容をできるだけ忠実に再現した文体
	記述者自身の解釈や分析を加えて説明する文体

演習課題❷ ストーリー⑦では、段落ごとに文体を変えてあります。各パラグラフの最後にあてはまる
文体の名称を書き入れましょう。

①	②	③	④

2．アセスメントで用いられる記録方法

記録方法	内　容
	家族の状況など、支援に必要な情報をまとめたもの
	親族関係（3世代以上）を示した図
	社会生活に必要な機関や人間関係を図示したもの

3．早期発見・早期対応のために活用される記録

（1）＿＿＿＿＿＿＿＿＿＿

問題の客観的把握や＿＿＿＿＿＿＿＿に有効。

（2）＿＿＿＿＿＿＿＿＿＿

できないことを探すのではなく、どのような社会資源を用いれば、＿＿＿＿＿＿＿＿＿＿＿＿
ことができるか、という観点から把握するのに有効。

学年・組	番号	氏名

137

4．評価

評価のプロセス _____

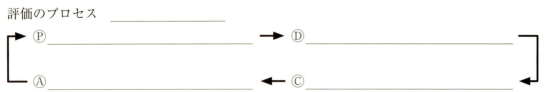

さまざまな評価

種類	評価の観点
	職員自身による個人ごとの評価、あるいは、園全体としての評価
	園および地域の保護者からの評価
	公的に認証された第三者評価機関からの評価

5．研修

研　修	内　容
	事例を取り上げて検討をおこなう
	高度な専門性をもつ同業者から指導を受けること
	専門性の異なる人から対等な立場で相談や助言をもらうこと。 例：_____

〈○×問題〉

No.	○or×	間違い	訂正
1.			
2.			
3.			
4.			
5.			

演習課題❹ Lesson7で学んだことをもとに、気づきや感想を書こう。

演習問題 ｜ 切り取り式ワークシート

演習課題❸ 自分自身のエコマップとジェノグラムを書こう。
（自分の両親のいずれかを「本人」として作成してもよい）

年　　月　　日

	生年月日	年　　月　　日		
氏　名	年　齢　　　　歳		性　別	

自宅住所	携　帯 電　話　　　－　　　－
勤務先 勤務先住所	電　話　　　－　　　－

家族構成		

備考

		－　　　－
		－　　　－
		－　　　－
		－　　　－

演習課題❸ 自分自身のエコマップとジェノグラムを書こう。

学年・組	番号	氏名

演習問題 | 切り取り式ワークシート

Lesson 8 日常会話を活用した子育て支援

演習課題❶ ストーリーを読んで感じたことを、自由に書こう。

演習課題❷ 以下の問題に答えながらストーリーを読みこもう。

問題1 | 昼休みにあや先生が電話連絡を入れた際、なぜ、シオリちゃんのお母さんは非常におどろいたのか、その理由を書こう。

問題2 | お迎えのとき、サキちゃんのお母さんが不満そうな様子を見せた理由を考えて書こう。

問題3 | あや先生は「明日の朝、ていねいに声かけしよう」と考えていますが、どのような言葉をかければよいのか、考えて書こう。

演習課題❸ 保育者役と保護者役に分かれて、会話の間のとり方やジェスチャーに気をつけながら、送迎時のやりとりのロールプレイをおこない、気づきや感想を書こう。

学年・組	番号	氏名

演習課題❹　保育者役と保護者役に分かれて、会話の間の取り方やジェスチャーに気をつけながら、トラブル時のやりとりのロールプレイをおこない、気づきや感想を書こう。

演習課題❺　サキちゃんのお母さん（鈴木さん）の会社に電話をかけ、取り次いでもらい、用件を切り出すまでのセリフを書こう。

演習課題❻　サキちゃんのお母さんの個人携帯に電話をかけ、留守電だったので、用件を入れておくことにした。留守電に入れるメッセージを書こう。

〈○×問題〉

No.	○ or ×	間違い	訂正
1.			
2.			
3.			
4.			
5.			

演習課題❼　Lesson8で学んだことをもとに、気づきや感想を書こう。

演習問題 ｜ 切り取り式ワークシート

Lesson 9 文書を活用した子育て支援

演習課題❶ ストーリーを読んで感じたことを、自由に書こう。

演習課題❷ 以下の問題に答えながらストーリーを読みこもう。

問題1｜あや先生はトシくんの母親との間で、どのようにして情報を共有しているだろうか。乳児保育のころと現在に分けて、書き出そう。

問題2｜園の職員同士で、どのようにしてアレルギー児への対応に関する情報を共有しているか、書き出そう。

1．連絡帳
○　心を落ち着かせて＿＿＿＿＿＿で書き、かならず＿＿＿＿＿をおこなう。
○　＿＿＿＿＿＿＿＿＿＿＿＿＿＿＿＿を書き、＿＿＿＿＿＿＿を適切におこなう。
○　保護者からの質問や要望には、必ず返事を書き、いつ、どのように対応したか、職員同士でもわかるようにしておく。
○　園やクラスの＿＿＿＿＿＿＿は、もれのないよう記載する。
○　誤解や不安を与える恐れのある表現は、連絡帳には書かずに、＿＿＿＿＿＿＿＿＿＿＿＿＿＿＿直接伝える。

❸演習問題❸は次ページ

2．おたより
○　＿＿＿＿＿＿＿をこころがけ、漢字には＿＿をふる。
○　フォント、見出し、イラスト、レイアウトを工夫する。細かく詰め込んだ感じにならないよう、字やイラストの大きさに注意し、間隔を調整する。
○　命令的ないい回しは避け、＿＿＿＿＿＿＿を使う。
○　ジェンダーバイアスの強い表現や差別の恐れのある表現は避け、＿＿＿＿＿＿を用いる。
○　誰が読んでも不快にならない表記・文章にする。

学年・組	番号		氏名	

143

演習課題❸ 保護者欄とその日の出来事（4コマ：2歳児クラスの運動会の練習）をもとに、連絡帳の文章（300字程度）を作成し気づきを書こう。

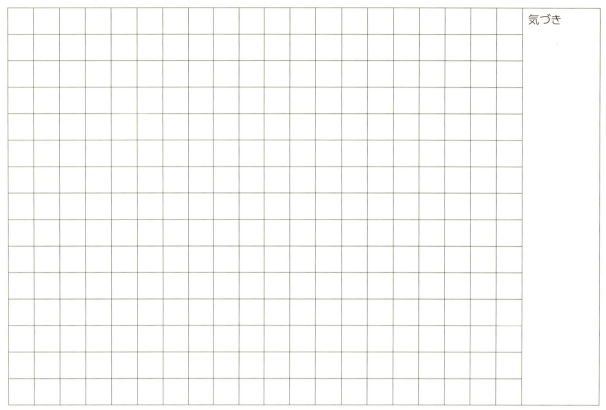

演習課題❹ 新年度の最初に発行するクラスだよりとして、自己紹介とクラス担任としての抱負など記載したおたよりを作成し、気づきを書こう（おたよりは次ページのフォーマットを利用してもよい）。

3．手紙とメール

○ 最初に、宛名を「＿＿＿＿＿＿＿＿」と書く。名前の漢字表記（例：旧字体、異字体）に注意する。
○ 1つの手紙で、要件は1つにしぼる。伝えたいことや結論から書くと伝わりやすい。
○ 冒頭は、時節のあいさつは不要。下記の表現のいずれかを使うことが多い。

「＿＿＿＿＿＿＿＿＿＿＿＿＿＿＿＿＿＿＿＿＿＿＿＿＿＿」
「＿＿＿＿＿＿＿＿＿＿＿＿＿＿＿＿＿＿＿＿＿＿＿＿＿＿」

○ 文章の最後は簡潔に閉じる。例：「＿＿＿＿＿＿＿＿＿＿＿＿＿＿＿」
○ 最後に、＿＿＿＿＿＿と＿＿＿＿＿＿を入れましょう。
○ 誤解を招く恐れのある内容や詳しい説明のときは、できればほかの職員に立ち会ってもらい、相手の反応をみながら、直接伝える。

演習問題 ｜ 切り取り式ワークシート

4月

☆ ☆ ☆ ☆ ☆

ばらぐみだより

20XX年4月
なかよし保育園

写真
or
イラスト

はじめまして！よろしくお願いします。

担任氏名：＿＿＿＿＿＿＿＿＿

入園・進級おめでとう

学年・組	番号		氏名

145

演習課題❺　ストーリー⑨25行目で、みどり先生が保護者宛てに書いた謝罪の手紙を想像して書こう。

〈○×問題〉

No.	○or×	間違い	訂正
1.			
2.			
3.			
4.			
5.			

演習課題❻　Lesson9で学んだことをもとに、気づきや感想を書こう。

Lesson 10 行事などを活用した子育て支援

演習課題❶ ストーリーを読んで感じたことを、自由に書こう。

演習課題❷ 以下の問題に答えながらストーリーを読みこもう。

問題1 個人面談の前まで、園ではインディラちゃんのお母さんに対し、どのようなコミュニケーション支援をおこなったのか、書きだそう。

問題2 あや先生は、インディラちゃんのお母さんに対する支援への反省として、どのようなことを考えたのか書こう。

1．保育参加（保育参観）

_____：子どもとのかかわり方を知ったり、園での生活や遊びを体験したりする場合に有効。

_____：園での子どもの様子を観察し、理解してもらいたい場合に有効。

○ 各家庭に対して_____する。

○ 保護者にも_____してもらえるよう、働きかける。

○ 子どもたちの会話や遊びなど、_____よう配慮する。

○ 保護者から、保育参加（保育参観）の感想を聞き、よりよい実践につなげていく。

学年・組	番号	氏名

2．保護者懇談会

○ ＿＿＿＿＿＿や＿＿＿＿＿＿を身に着けてもらい、保護者同士が名前を覚え、面識がもてるように配慮する。

○ 緊張しがちな場を和やかにする活動「＿＿＿＿＿＿＿」をおこなう。

○ 子どもたちの間で流行っている遊びを体験してもらうのもよい
例：年長児クラスの「コマまわし」、２～３歳児クラスの「はし遊び」

○ 必要に応じて＿＿＿＿＿＿＿＿＿（例：＿＿＿＿＿＿・＿＿＿＿＿＿）をおこなう。

3．行事

○ セキュリティーの観点からも、＿＿＿＿＿＿や＿＿＿＿＿を用意する。出欠予定を聞いて、参加者リストを作成してもよい。

○ ＿＿＿＿＿＿＿＿＿＿＿は、どこまで許可するのか、園で統一基準をつくり、＿＿＿＿＿＿として示しておく。

○ マナー（とくに禁止事項）は、事前に＿＿＿＿＿＿＿＿＿＿を配布しておく。

4．自主活動

保護者による自主活動の例：保護者会活動、有志によるサークル活動やボランティア活動

＿＿＿＿＿＿：自主活動をスムーズにすすめるための支援

例：＿＿＿＿＿＿＿＿＿＿＿、＿＿＿＿＿＿＿＿＿＿＿

〈○×問題〉

No.	○ or ×	間違い	訂正
1.			
2.			
3.			
4.			
5.			

演習課題❸ Lesson10で学んだことをもとに、気づきや感想を書こう。

演習問題 ｜ 切り取り式ワークシート

Lesson 11 環境を活用した子育て支援

演習課題❶ ストーリーを読んで感じたことを、自由に書こう。

演習課題❷ 以下の問題に答えながらストーリーを読みこもう。

問題1 ｜ 保育室内の環境構成において、子育て支援に役立つと思われるものを書きだそう。

問題2 ｜ 保育室外（園庭や廊下）の環境構成において、子育て支援に役立つと思われるものを書きだそう。

1．環境をとおした子育て支援の意義

保護者が以下を観察するだけでも子育てを自ら行う力の向上につながる。

・保育者が配置した園内の玩具・遊具類や児童文化財（＝_____）

・園内の保育者や様々な年齢の子どもたちの姿（＝_____）

2．子育て支援にふさわしい環境の特性

（1）物的環境

○ 空間を多目的に使えるよう、_____や_____の高いインテリアにする。

○ 大きな面積をとるファブリックや家具は、_____にする。

○ 家具はできるだけ_____を使い、植物を適度に配置する。

○ 小物を配置する場合は、_____に留意し、まめにとりかえる。

（2）人的環境

「_____」としての保育者　例：_____や_____

3．環境をとおした子育て支援の方法

（1）保護者自身がくつろげる場の環境構成

保護者自身も_____をもつことができる空間の提供

_____や_____を意識するきっかけの提供

学年・組	番号	氏名

149

（2）わが子への気づきと養育力の向上をうながす場の環境構成

　　個別の状況にあわせた＿＿＿＿＿＿＿＿＿＿＿＿の提供

　　保育者の立ち振る舞いから＿＿＿＿＿＿＿＿＿＿＿＿の提供

（3）園の保育実践への理解を深める場の環境設定

　　子ども集団のなかでのわが子の姿をみる機会の提供

　　作品の展示

（4）保護者同士の交流をうながす場の環境構成

　　情報交換のための掲示用スペースや＿＿＿＿＿＿＿＿の設置、

　　ミーティング用のスペースの提供

（5）地域との交流をうながす場の環境構成

　　地域の子育て情報の提供　例：＿＿＿＿＿＿＿＿＿＿、＿＿＿＿＿＿＿＿＿

　　地域の人々との交流の機会の提供　例：＿＿＿＿＿＿＿＿

　　中高生や学生の＿＿＿＿＿＿＿＿＿や＿＿＿＿＿＿＿＿の受け入れ

演習課題❸　実習先やボランティア先の園などで、環境をとおした子育て支援がどのようにおこなわれていたか思い出し、書き出そう。

〈○×問題〉

No.	○or ×	間違い	訂正
1.			
2.			
3.			
4.			
5.			

演習課題❹　Lesson11で学んだことをもとに、気づきや感想を書こう。

150

Lesson 12 地域子育て支援拠点における支援

演習課題❶ ストーリーを読んで感じたことを、自由に書こう。

演習課題❷ 以下の問題に答えながらストーリーを読みこもう。
問題｜『ひだまり』に通う前のナナさんの平均的な平日1日のスケジュールを想像し、上側に育児（ハルくんの動き）、下側に家事その他の動きを書こう。

育児

家事その他

1．保育所・認定こども園などで実施されることが多い地域子育て支援サービス
（1）園の開放
　　　ハード面：＿＿＿＿＿＿、＿＿＿＿＿＿、ソフト面：＿＿＿＿＿＿

（2）保育者の専門性を生かした活動の提供
　　　児童文化の実演、＿＿＿＿＿＿＿＿＿＿

（3）＿＿＿＿＿＿＿＿
　　　短時間の就労、冠婚葬祭＿＿＿＿＿＿＿＿＿＿

2．地域子育て支援拠点とは

　　主な対象者：＿＿＿＿＿＿＿＿＿＿＿＿＿＿＿
　　事業の目的：気軽につどい＿＿＿＿＿＿をしたり、＿＿＿＿＿＿＿＿をしたりできる場を提供し、
　　＿＿＿＿＿＿＿＿＿をはかる。
　　　例：＿＿＿＿＿＿、＿＿＿＿＿＿＿＿、＿＿＿＿＿＿＿
　　全国＿＿＿＿＿＿カ所、0〜2歳人口1000人あたり＿＿＿＿＿カ所

学年・組	番号	氏名

3．地域子育て支援拠点を利用する保護者の心理

図表2「地域子育て支援拠点の利用の際に感じた不安」からわかったこと
　・利用者であっても、＿＿＿＿＿＿をもち続ける人がいる
　・＿＿＿＿＿＿＿＿＿＿で悩んでいる人がいる。

図表3「ひろば活動が利用者にもたらす効果」としてわかったこと
　・＿＿＿＿＿＿や＿＿＿＿＿＿の軽減の効果
　・＿＿＿＿＿＿＿＿＿にむけた気持ちの育成の効果

4．地域子育て支援拠点における基本事業の内容と支援方法

（1）＿＿＿＿＿＿＿＿＿＿＿＿＿＿＿＿＿

図表4「保護者たちの人間関係」の特徴としてわかったこと
　＿＿＿＿＿＿＿　→　＿＿＿＿＿＿＿＿　→　＿＿＿＿＿＿＿＿＿＿＿＿＿
　　　　　　　　　　（仲良しだが閉鎖的）　　　（広く浅くさまざまな人と付き合う）

（2）＿＿＿＿＿＿＿＿＿＿

（3）＿＿＿＿＿＿＿＿＿
　　　例：＿＿＿＿＿＿＿＿＿

（4）＿＿＿＿＿＿＿＿＿＿

〈○×問題〉

No.	○ or ×	間違い	訂正
1.			
2.			
3.			
4.			
5.			

演習課題❹　Lesson12で学んだことをもとに、気づきや感想を書こう。

演習問題 ｜ 切り取り式ワークシート

演習課題❸ 地域子育て支援拠点を訪ね、どのようなサービスを実施しているか調べて書こう。

_____における地域子育て拠点リスト（_____年_____月）

名称	住所もしくは最寄り駅	電話番号	おもなサービス内容

学年・組	番号	氏名

機関名	住所もしくは最寄り駅	電話番号	おもなサービス内容
機関名	住所もしくは最寄り駅	電話番号	おもなサービス内容

演習問題 ｜ 切り取り式ワークシート

Lesson 13 入所施設における子育て支援

演習課題❶ ストーリーを読んで感じたことを、自由に書こう。

演習課題❷ 以下の問題に答えながらストーリーを読みこもう。

問題1 ｜退所前に乳児院では、ショウくんとお母さんの仲をとりもつために、どのような支援をおこなったか書き出そう。

問題2 ｜退所後におこなわれたアフターケアの内容を書き出そう。

1．施設における親と子をつなぐ支援

分離となった家族に対して

①

②

③

ともに暮らす親子に対して

④

⑤

⑥

学年・組	番号		氏名	

155

2．入所施設を利用する保護者の傾向

① 子どもに対して＿＿＿＿＿＿なりがちである。

② ＿＿＿＿＿＿＿や＿＿＿＿＿＿＿を抱きやすい。

③ ＿＿＿＿＿や＿＿＿＿＿＿をもつ保護者が多い。

④ 子ども時代に＿＿＿＿＿＿をうけた保護者が多い。

⑤ 保護者自身の＿＿＿＿＿＿＿＿＿＿＿ことが多い。

保育者側が、保護者に対してとるべき姿勢

　　○子どもにとってはかけがえのない家族として、＿＿＿＿＿＿＿＿＿＿

　　×子どもに対して不適切なかかわりをする人

3．入所施設における支援の方法

① ＿＿＿＿＿＿：親子で和やかに過ごすための配慮を行う。

② ＿＿＿＿＿＿：子どもの様子を記した手紙，写真，子どもの作品など送る

③ ＿＿＿＿＿＿：家庭に一時的に帰宅する。

　保護者の思いをくみとりつつも、＿＿＿＿＿＿＿＿を最優先とする。その都度、保護者と施設とで確認しあいながら、ていねいに進めていく。

〈○×問題〉

No.	○or×	間違い	訂正
1.			
2.			
3.			
4.			
5.			

演習課題❸　Lesson13で学んだことをもとに、気づきや感想を書こう。

演習問題 ｜ 切り取り式ワークシート

Lesson 14 通所施設における子育て支援

演習課題❶ ストーリーを読んで感じたことを、自由に書こう。

演習課題❷ 以下の問題に答えながらストーリーを読みこもう。

問題1 ｜ お母さんの不安や不満を書き出して、まとめよう。

問題2 ｜ なぜお父さんは父子療育の前まで、育児に参加できなかったのか原因を書き出そう。

1．通所施設を利用する保護者の傾向

① ＿＿＿＿＿＿＿や＿＿＿＿＿＿＿を抱きやすい

② 周囲と比較して、＿＿＿＿＿＿＿を抱きやすい

③ 家族や地域のなかで孤立し、＿＿＿＿＿＿＿を感じていることが多い

④ ＿＿＿＿＿＿や＿＿＿＿＿＿＿＿＿のリスクが高い

2．通所施設おける支援方法

○ 保護者の＿＿＿＿＿、ねぎらいの言葉とともに＿＿＿＿＿＿＿＿を伝える

○ ＿＿＿＿＿＿＿＿＿＿をともに見いだし、＿＿＿＿＿＿さを共感しあう

○ 気軽に＿＿＿＿＿＿と接触でき、相談できる場や機会を用意する

○ ＿＿＿＿＿＿＿＿＿＿＿＿がいて、交流できる場を設ける

学年・組	番号	氏名

157

通所施設における通園形態

通　園	形　態
①	＿＿＿＿＿＿＿＿＿・＿＿＿＿＿＿＿＿＿での やりとりが多い
②	保護者に対し、直接、さまざまな専門職がかかわることが多い
③	＿＿＿＿＿＿＿＿＿＿＿＿＿しながら支援をすすめる

〈○×問題〉

No.	○or×	間違い	訂正
1.			
2.			
3.			
4.			
5.			

演習課題❸　Lesson14で学んだことをもとに、気づきや感想を書こう。

演習問題 ｜ 切り取り式ワークシート

Lesson 15 まとめと今後の課題

演習課題❶　本書で学んだことをもとにして、ストーリーの太字部分について、どのような働きかけが
あったのか具体的に書こう。

学年・組	番号	氏名

演習課題❷ 今後、あなた自身がさらに学んだり、子育て支援をしたりしていく上で、課題だと思われる事柄を書こう。

きりとり線

きりとり線